Douglas E. Harding

El punto
de retorno

al Ser, la Conciencia
y la Felicidad

The
Shollond
Trust

Publicado por The Shollond Trust
87B Cazenove Road
London N16 6BB
England
headexchange@gn.apc.org
www.headless.org

The Shollond Trust es una organización benéfica
de Reino Unido registrada con el nº. 1059551

Título original: *The Turning Point*
(Publicado inicialmente por The Shollond Trust, 2018)

Traducción y edición: Diego Merino Sancho
(diegomerinotraducciones.com)
Imagen de portada: rangsgraphics.com
Ilustraciones del autor

ISBN 978-1-908774-80-4

Índice

Quiero dedicar este libro a mi esposa Catherine, quien ha examinado con sumo cuidado y dado por bueno cada capítulo incluso aunque no estuviese necesariamente de acuerdo con todo lo expuesto. Es francesa, y para los franceses, por supuesto, la libertad está por encima de la igualdad o la fraternidad.

Prólogo

Este libro* consta de tres componentes esenciales. (1) Un montón de palabras, junto con las cuestiones que estas tratan de explicar. (2) Imágenes y diagramas míos para ayudar a dar sentido a dichas cuestiones. (3) Media docena de lo que podríamos denominar experimentos, pruebas o ejercicios diseñados para revelar lo que puedes *ver* que eres, en claro contraste con lo que crees que eres y lo que te dicen que eres. Estos experimentos constituyen la columna vertebral del mensaje de esta obra y me resulta imposible insistir demasiado en que son para *hacerlos*, que limitarse tan solo a leerlos es peor que inútil. ¡Sí, mucho peor!

Puesto que cada capítulo conforma un texto independiente y completo en sí mismo, puedes leerlos en el orden que más te apetezca. Esto significa también que encontrarás una gran cantidad de repeticiones verbales e instrucciones para realizar de nuevo experimentos que ya has hecho anteriormente. No voy a pedir disculpas por ello, pues *son* precisamente para eso, para repetirlos, y es imposible hacerlos en exceso. De hecho, son para realizarlos una y otra vez hasta que surjan de una forma tan natural que parezca que se hacen por sí mismos.

Un par de consejos más sobre cómo leer este libro. (1) Si eres nuevo en la «vía sin cabeza», te aconsejo que leas los capítulos en el orden en que están dispuestos, pues van *in crescendo* hasta que, por así decirlo, alcanzan un cierto clímax, un punto culminante. (2) Puesto que en su esencia todos los capítulos

---

* *The Point of Return*, título original de esta obra, es una expresión inglesa que puede significar tanto 'punto de retorno, momento en el que se produce un cambio de sentido' como 'punto o eje inmóvil en torno al cual giran las cosas'. En este caso, ambas acepciones son relevantes. *(N. del T.)*

tratan sobre la misma Cosa (o, mejor dicho, sobre la misma No-cosa), no importa demasiado si algunos de ellos te parecen oscuros o incomprensibles. Simplemente continúa leyendo y pronto llegarás a otras partes del libro que te resultarán bastante más claras y fáciles de entender. Tomemos, por ejemplo, el último capítulo, titulado «Yo soy». Algunos amigos lo encuentran demasiado complejo, mientras que para otros no lo es, pero, en todo caso, estoy seguro de que en este libro todos mis amigos «sin cabeza» se toparán con frecuencia con la Gran Simplificación que obra maravillas.

Concluyo con una nota de advertencia: creer en algo de lo que leas en este libro sin ponerlo a prueba por ti mismo hasta el límite *equivale a condenarte a la esclavitud y el cautiverio*. Como nos recuerda Nicolai Berdyaev: «Dios ha impuesto a la humanidad el deber de ser libres, sin importar cuán difícil pueda ser o cuánto sufrimiento pueda involucrar». Dicho así parece mucho más terrible de lo que en realidad es, pues, de hecho, esta es la única libertad real, el remedio infalible para el sufrimiento y la receta segura para alcanzar esa imperecedera felicidad divina que tanto anhelamos.

Douglas E. Harding

1

Maduremos

L OS SERES HUMANOS CONSTITUIMOS un asombroso caso de
interrupción del desarrollo. Cuando no se trunca, nuestra vida consta de cuatro fases:

Primero, el bebé recién nacido que carece por completo de límites.

Segundo, el niño, que a veces está de acuerdo con los adultos en que el objeto del espejo es él mismo, mientras que el resto del tiempo sigue siendo ilimitado.

Tercero, el adulto que ha perdido su espacio y se ha convertido en su rostro. Casi todos nos hemos quedado estancados en esta etapa. Hemos tomado esa cosa mortal que es nuestra apariencia y la hemos plantado en el lugar que le corresponde a esta otra No-cosa inmortal que somos aquí, condenándonos así a la muerte y el miedo, al odio, la avaricia y el autoengaño.

Y *cuarto*, para madurar y continuar desarrollándonos hemos de girar la atención 180° y *ver* Aquello *desde lo que vemos*. Así es como redescubrimos la claridad y la inmensidad que disfrutamos cuando éramos bebés y nos damos cuenta de que, en todos los aspectos vitales, somos justo *lo contrario* de lo que parecemos. En particular, comprendemos que la confrontación cara-a-cara de la tercera etapa es una mentira y que todos estamos constantemente desapareciendo en favor de los demás.

Nuestro cometido es vivir de esta manera y, de ese modo, contribuir a que el ser humano madure y continúe su evolución.

En modo alguno quiero dar a entender que podamos prescindir de la tercera etapa (esa fase tan desesperadamente difícil y complicada), pero sí que es necesario limitar su duración, pues cuanto más se prolonga más difícil resulta ponerle fin.

Diecisiete años es una buena edad para descubrir que seguimos siendo el espacio en el que ocurre el mundo.

Son muy pocos los que alcanzan esta cuarta etapa, y da la impresión de que la capacidad para cambiar el mundo de quienes así lo hacen es prácticamente insignificante. A este respecto, el individuo parece impotente, pero antes de perder la esperanza veamos qué significa y qué implica esta cuarta etapa. Es la realización de que, por medio de la gracia, tú y yo somos Uno con nuestra Fuente, que en el Centro somos idénticos al Poder que se está originando tanto a sí mismo como a todo lo que existe, desde los quarks hasta las galaxias, y que no hemos llegado al Uno como seres humanos, sino como el Uno mismo, como el único Poder Real.

Según una antigua historia de los primeros tiempos del budismo, la iluminación del Buda conllevó también la iluminación de todos los seres sintientes. Pues bien, yo digo que cuando examinamos nuestra Naturaleza, nuestra Fuente, nuestro Centro ilimitado, inmaculado, imperecedero, omni-incluyente y completamente despierto, lo hacemos siendo Uno con (y facultados por) el único Poder Real y Último al que no resulta sencillo impresionar, pues ya ha alcanzado el milagro «imposible» de la Autooriginación. Nada es imposible para Aquel que se crea a sí mismo. O, para el caso, nada es imposible para aquellos que disfrutan de la unión con ese Uno.

Los seres humanos han sobrevivido a edades de hielo, a épocas de estancamiento e inmovilismo, a toda clase de horrores y sinsentidos. Nos corresponde a nosotros (a quienes somos conscientes de que por la gracia somos Uno con el Uno) ver a nuestros hermanos y hermanas a través del Amor y la Gloria que resplandece aquí, en el mismísimo corazón de Todo.

No podemos crecer separados de ellos, por la simple razón de que para llegar al Hogar, para llegar al Uno como el Uno tenemos que cargar —como si lo llevásemos a caballito— con todo lo que el Uno comprende y abarca.

2

¿Qué ha fallado?

POCAS PERSONAS ESTARÍAN DE ACUERDO con la arrebatada aserción de Robert Browning de que todo está bien en el mundo. La mayor parte del tiempo, casi todos sentimos que algo anda terriblemente mal. El objetivo de este capítulo es descubrir qué ha fallado y qué podemos hacer (si es que podemos hacer algo) al respecto. ¡Un proyecto ciertamente ambicioso! ¡Vaya si lo es! Pero veamos hasta dónde podemos llegar.

Las cosas que no nos gustan (todos aquellos aspectos, tanto en nosotros como en el mundo, que no son como quisiéramos que fuesen) son tantísimas y tan sumamente obvias que no hace falta que las enumeremos aquí. Pasemos entonces directamente a considerar las diversas formas en que podemos responder (y, de hecho, así lo hacemos) ante todos esos problemas que amenazan con engullirnos. Tal como yo lo veo, tenemos cuatro alternativas, la primera de las cuales es:

El resentimiento

¡Una reacción de lo más natural! No nos han dado a elegir, no hemos tenido ni voz ni voto respecto al sexo, el carácter, la apariencia, el estatus social o las circunstancias que se nos han impuesto. Nadie nos ha preguntado sobre el momento y el lugar en el que nos lanzaron al mundo, ni sobre qué clase de mundo era entonces y es ahora. Por lo que parece, nuestras preferencias y necesidades han sido completa y despiadadamente ignoradas. Nos metieron a la fuerza en este ruedo empapado de sangre que, por lo que parece, está perfectamente diseñado para herirnos, para destrozarnos y, en última instan-

cia, para destruirnos. ¿Qué clase de Creador o de Demiurgo es
este —nos gustaría saber— que nos otorga una cierta naturaleza
y, al mismo tiempo, nos endiña las frustraciones y las contradicciones de todo tipo que conlleva dicha naturaleza? ¿Quién
nos entrega, por así decirlo, una naturaleza y una antinaturale-
za? ¿Quien ha dispuesto que, si bien necesitamos amor, seguridad, éxito, paz y felicidad, la mayoría de las veces lo único que
encontramos es justo lo contrario? ¿Qué han hecho esos bebés
inocentes para merecer todo este dolor y desilusión que termi-
nará desembocando en enfermedades, en senilidad y en la
muerte misma que lenta pero firmemente se dirige a su encuentro? De seguro la única reacción oportuna ante todo este des-
propósito es la rabia y la ira.

Pero el problema de la ira es que resulta improductiva; es un
callejón sin salida, no nos lleva a ninguna parte. Lo único que
hace es aumentar la agonía.

La resignación

Nuestra segunda alternativa no es ni de lejos tan negativa.
Mediante la resignación nos decimos a nosotros mismos iróni-
ca pero acertadamente: «Bueno, la vida es difícil. Así son las
cosas», o como lo expresa el Buda: «La vida es dolor, la vida es
sufrimiento». Por lo tanto, dejemos de pretender que podría ser
de otro modo, que podría ser algo más que trágica, terriblemente injusta, compuesta por ansiedad y más ansiedad, por
agonía y más agonía. Afrontemos con nobleza la noble pero
terrible verdad de que nuestro mundo (incluidos nosotros
mismos, por supuesto) es una *divina tragedia*, y en modo alguno una Divina Comedia, ni siquiera para los más afortunados.
Y, en todo caso, ¿afortunados por cuánto tiempo? O, si lo prefieres, también podríamos decir que es como una comedia muy
pero que muy negra.

Este duro y amargo realismo tiene un lado positivo, y es que
el hecho de abandonar todo nuestro falso optimismo (las ilu-

siones vanas, los castillos en el aire, la patética pretensión de que mañana, o la próxima semana, o el próximo año, las cosas volverán a la normalidad y regresarán los días felices —bueno, al menos días más felices que estos—) realmente supone una gran diferencia. El sufrimiento es la regla, el alivio de las penalidades la excepción. Cuando aceptamos que las pruebas que la vida ponga en nuestro camino mañana pueden ser al menos tan duras y brutales como las de hoy, desciende sobre nosotros una cierta paz, pues ahora contamos con la suficiente honestidad como para reconocer, con firmeza y sin amargura, la lúgubre y sombría realidad. En cierto modo (y siempre que mantengamos una actitud lo suficientemente estoica), gracias a esta actitud la vida puede volverse un poco más soportable, algo menos decepcionante.

La sumisión

Nuestra tercera alternativa consiste en decirle a Dios de corazón, creyendo de verdad en ello: «Hágase tu voluntad y no la mía».

Por supuesto, cuando todo va relativamente bien es fácil e incluso agradable ajustar o alinear nuestra propia voluntad con la de Dios. En cambio, cuando las cosas se tuercen, resulta extraordinariamente complicado; y casi imposible (a menos que ya seamos santos) cuando se cierne sobre nosotros la amenaza de algún desastre y nuestra propia vida está en juego. Incluso Jesús, en sus últimos momentos, se sintió angustiosamente dividido entre su propia voluntad y la de su Padre. Y si incluso él encontró esta rendición suprema tan inmensamente difícil cuando llegó la hora de la verdad, ¿qué se puede esperar de nosotros, simples mortales? O más bien debería decir «¿qué esperanza hay para mí?», pues, quién sabe, tú bien podrías ser todo un santo.

Sin embargo, la mayoría de los grandes líderes espirituales del mundo (si no todos) nos dicen que aquí reside la respuesta a nuestros problemas. ¡Si tan solo pudiéramos volvernos completamente desinteresados, actuar sin el menor rastro de ego, entregarnos por completo! Ahí está el *quid* de la cuestión. Los verdaderos santos son extremadamente raros. ¿Cuántos de nosotros estamos dispuestos y somos capaces de trascender y violentar nuestro instinto de supervivencia, de inmolarnos, de adoptar el papel del sacerdote que se sacrifica y el del sacrificio mismo, y de hacerlo no simplemente porque a fin de cuentas sea la mejor política, sino porque es lo único correcto, lo único adecuado que podemos hacer? La respuesta, por supuesto, es que muy pero que muy pocos de nosotros. E incluso esos pocos individuos heroicos que, en virtud de la gracia o mediante hazañas extraordinarias de disciplina y abnegación, consiguen de forma genuina desear la voluntad de Dios cuando esta colisiona con sus propias vidas, no tienen por qué llegar necesariamente a la conclusión de que el universo es, después de todo, un lugar en el que siempre reina la felicidad y la hermosura. Salvo algunas contadas excepciones, no lo ven así en absoluto. No, para nada. Los santos tienden a abrazar el mundo *a pesar de* lo que es, y no *por* lo que es. Algunos ni tan siquiera son capaces de decir ni una sola cosa buena sobre él.

Y así, a primera vista, no hay ninguna solución factible (para nosotros, que no hemos sido santificados) ante el dilema de qué es lo que ha ido mal en el mundo del que formamos parte. Ya hemos visto que *enfurecernos* y lanzar nuestra *ira* contra la situación tan solo empeora las cosas, que la *resignación*, aunque sea extremadamente difícil, puede ayudarnos en cierto sentido pero contribuye más bien poco a mejorar la situación, y que la *aceptación* total o la *rendición* plena, resulta virtualmente imposible en nuestro estado actual.

Sin embargo, existe una cuarta posibilidad, así que recuperemos la esperanza y analicémosla con cuidado, manteniendo la mente abierta y con espíritu crítico. A fin de cuentas, ¿qué tenemos que perder (nosotros, que no somos más que personajes desesperados en una situación desesperada)?

Este cuarto enfoque es muy distinto de los otros tres que hemos esbozado. Confío en que verás que puede devolvernos la esperanza, incluso la certeza, a todos nosotros, personas comunes y corrientes, siempre y cuando estemos dispuestos a desprendernos de algunas de nuestras preciadas opiniones y nos atrevamos a mirar con nuevos ojos, tanto a nosotros mismos como al mundo en el que nos encontramos.

La proposición que vamos a examinar es la siguiente: *En sí mismo, el mundo está bien. No es el mundo el que ha ido mal, el que ha fallado, está equivocado o es insatisfactorio, sino lo que todos, incluidos tú y yo, le estamos haciendo todo el tiempo.* O permíteme expresarlo de este otro modo: Si no fuese por nosotros, el universo estaría en plena forma, vivito y coleando. Nosotros somos el problema, pues le estamos infligiendo una profunda y dolorosa herida.

Lo hemos dividido en dos fragmentos desiguales llamados YO y NO-YO, o YO y EL RESTO, y el resultado es que no vivimos en un universo, sino en un *duoverso*, mal lugar para quedarse atascado, pues resulta sumamente incómodo, arduo y penoso. Y no es de extrañar que las dos partes cercenadas de la Totalidad estén dañadas y enfermas, pues cada una sufre la falta

de la otra. Y así seguirán, trágica e incurablemente enfermas, mientras esa herida abierta no se cierre y se cure.

Ahora echemos un vistazo a la *forma* que tiene dicha herida. Penetra y se hunde hasta llegar al mismísimo Corazón del Uno. ¿Que cómo puedo estar tan seguro de esto? Pues porque en la Esencia, en la Raíz, todos quienes decimos «YO SOY esto, aquello, o lo de más allá» lo hacemos en virtud de nuestra identidad básica con el Uno. Sí, estrictamente hablando, ¡somos una panda de «suicidas-deicidas»!

El *Katha Upanishad* diagnostica muy bien la enfermedad: «Quien divide al Uno deambula de muerte en muerte». Y prescribe el remedio: «Dile a la mente que solo hay Uno». Por su parte, el tercer patriarca del zen nos habla de la salud que aporta ese remedio: «Cuando las diez mil cosas se ven en su Unidad, regresamos al Origen y permanecemos donde siempre hemos estado [...]. Uno en Todo, Todo en uno. Con que tan solo comprendiésemos esto cesarían todas nuestras preocupaciones sobre no ser perfectos».

Pero, de nuevo, el simple hecho de comprender la Unidad y converger con ella no nos lleva demasiado lejos en el peliagudo sendero que conduce a la perfección. Efectivamente, cuando todo va bien, cuando el sol brilla y los pajaritos cantan, no resulta demasiado complicado sentir la Unidad de todas las cosas, con nosotros mismos atrapados en el Gran Diseño. O tal vez cuando estamos meditando en la tranquilidad de algún lugar sagrado. Así es que, aunque sea de forma ocasional, podemos sentir que por miserable que sea el estado en que se encuentren las partes del mundo como tales, como partes, la Totalidad es en este preciso momento todo lo que nuestro corazón podría desear. Del mismo modo que al ver desde un satélite meteorológico el más horrible barrio marginal, este se convierte en una hermosura, o al igual que este planeta nuestro, tan afligido y devastado por la guerra, se convierte en un resplandeciente monumento a la paz visto desde la Luna, así también cuando nos encontramos en un estado de ánimo exaltado podemos contemplar fugazmente este ambiguo universo nuestro en toda su plenitud e integridad y verlo como un lugar completamente benévolo. ¡Sí! ¡Cuando tenemos el ánimo adecuado!, pero ¿qué podemos hacer para habitar en esa atmósfera exaltada y enrarecida por algo más que un breve instante cada vez que la alcanzamos? Alguien describió nuestra existencia aquí en la tierra como una vida «de silenciosa desesperación». Supongo que tenía razón, solo que yo lo llamaría más bien «ruidosa desesperación». «Algún día —dice el Maestro K'ung Ku Chin-lung— reconocerás que la Tierra Serena de la Luz Pura no es otra que el mismísimo planeta Tierra». Mientras tanto, con un poco de suerte podremos disfrutar de algunos breves atisbos de esa realización. El resto del tiempo esta Tierra, como describe la Sra. Gamp, y con razón, no es más que un «un valle de lágrimas»[1].

Entonces, ¿cuál es la respuesta práctica? Ya he insinuado que se trata de una respuesta muy simple. Simple, sí, pero no exactamente sencilla. *Mientras siga siendo algo, lo que sea, seguiré dividiendo al Uno y, por tanto, echándolo a perder.*

El único remedio es restituir la propiedad que he robado, volver a injertar el órgano que he amputado, reclamar Nada para mí mismo y así traer Todo de nuevo a la vida, a la salud y la integridad. «No reclames nada, reclama ser Nada, y disfruta. No codicies la propiedad del Exaltado», reza el *Isa Upanishad*. Más o menos al mismo tiempo, en la antigua China, el sabio taoísta Chuang-tzu decía lo siguiente al respecto: «Tu cuerpo no es tuyo, no te pertenece; no es más que la imagen delegada de Dios. Tu vida no es tuya, no te pertenece; no es más que la armonía delegada de Dios. Tu individualidad no es tuya, no te pertenece; no es más que la adaptabilidad delegada de Dios». Y

---

[1] En el original inglés el autor se refiere al juego de palabras que Charles Dickens establece a través de este personaje en su novela Martin Chuzzlewit, el cual se refiere a *a wale of tears*, algo así como 'una magulladura que hace saltar las lágrimas', en lugar de *a vale of tears*, 'un valle de lágrimas'. *(N. del T.)*

dos milenios más tarde el jesuita francés Jean Pierre de Caussade (1675-1751) escribió:

> El cuerpo y sus sentidos, el alma y sus energías, la módica cantidad de bien que hayas podido hacer, son la parte que le corresponde a Dios. Le pertenece tan manifiestamente a Él que nos damos cuenta de que no podemos reclamar ni un ápice de todo eso como propio, que no podemos sentir ni el más leve atisbo de complacencia, *sin ser culpables de robo, pillaje y latrocinio contra Dios.*

Otro jesuita, John Nicholas Grou (1731-1803), tras señalar que Dios es Todo y la criatura es Nada, continúa diciendo: «No soy nada por mí mismo y le debo a Dios todo lo que soy [...]. Si me apropio de estos dones, le robo lo que es suyo, lo que le pertenece, cometo una terrible injusticia». También Karl Marx, en su ataque a la injusticia, llegó a la conclusión de que toda propiedad es un robo, pero se quedó corto, no fue lo suficientemente lejos, pues se limitó a excluir propiedades personales como la ropa y los utensilios de cocina y, por supuesto, el cuerpo y la mente de cada uno. Su idea era correcta, pero se detuvo mucho antes de llegar al verdadero meollo del asunto. No es de extrañar que el marxismo no sea capaz de arreglar este mundo nuestro, pues dista mucho de ser suficientemente radical.

Así pues, admito que soy un ladrón, un expoliador del mundo. Sin embargo, los ladrones son reacios a desprenderse de su botín, sobre todo cuando lo han tenido en sus manos durante tanto tiempo que han llegado a considerarlo como propio (y mucha gente les da la razón en este sentido). ¿Quién de nosotros está preparado para devolver su cuerpo-mente al universo y quedar reducido a la *pobreza absoluta*?

El único motivo convincente que soy capaz de encontrar para proceder a restituir los bienes robados a su legítimo propietario (es decir, la única consideración que me induciría a entregarlos voluntariamente y sin demora) sería la clara percepción de que no tengo otra opción, darme cuenta de que, en todo caso, nunca fueron realmente míos, y de que mi hurto fue básicamente imaginario. Dicho de otro modo, si realmente viese, y no solo creyese, que aquí mismo no hay Nada (Ninguna-cosa) en absoluto, y que donde no hay Ninguna-cosa tampoco hay Ningún-problema, entonces la visión clara de mi yo inexistente sin duda conllevaría que el control y el aferramiento que ejerzo sobre ese pseudoyo se aflojarían.

Pues bien, en total contraste con el logro de la santidad, este ver con claridad está disponible a petición del usuario siempre que este lo solicite. Es tan fácil como guiñar un ojo, pan comido, el indestructible y totalmente inmerecido don de la gracia que nos entrega un Dios misericordioso, nuestro amoroso Salvador. De hecho, la increíble verdad es que esta Nada Central no es solo la Fuente inefable de todas esas cosas periféricas, sino que se encuentra a la vista de un modo mucho más manifiesto y resplandeciente que cualquiera de ellas. ¡Solo Esto se puede ver perfectamente porque solo Esto es perfectamente simple!

No obstante, aún me pregunto «¿Es *cierto* que no soy el cuerpo y la mente que creía ser? Y, para el caso, que todos los demás me decían que era. ¿Es un hecho real y plenamente consumado que en realidad soy Nada, Nada en absoluto, que no hay en mí (ni soy) siquiera la más minúscula mota de polvo? ¿O acaso todo esto no son más que una sarta de palabras exaltadas, mera verborrea beata, simple plática devocional para darnos ánimos, algo en lo que es bueno creer porque nos hace sentir más cómodos y seguros? He de hallar la respuesta, pues en este asunto lo único que funciona es la honestidad total y absoluta conmigo mismo. Con que persista el más mínimo rastro de ilusión vana, esta prometedora receta para acabar con los problemas no nos servirá para nada ni a mí ni al mundo.

Bueno, claro está que no puedo hablar por ti, pero a mí ciertamente me parece que esta Nada, esta ausencia de cuerpomente que hay aquí, es la más obvia de todas las verdades evidentes. Me guste o no, veo, con mucha mayor claridad de lo que veo cualquier cosa ahí fuera, en el mundo, que justo aquí hay un Vacío, un Espacio, una Apertura, una Habitación Libre para acoger todo ese asombroso y fascinante montaje. Cada vez que, girando la atención, miro nuevamente hacia aquí, hacia lo que está viendo, cuando contemplo una vez más este misterioso Lugar que me dicen que ocupo, lo que veo es que no está ocupado por mí (veo que yo soy Nada), y que, en su lugar, esta No-cosa está ocupada por toda clase de cosas. Aquí mismo tan solo soy Capacidad, Espacio en este preciso instante para estos dos brazos y estas dos manos, para esta pluma tan ajetreada, para esta hoja de papel a medio llenar, para este escritorio desordenado y lleno de papeles y, más allá de todo esto, para la ventana y la vista del paisaje, la hierba, los árboles desnudos, las nubes veloces y el frío cielo (junto con toda clase de pensamientos y sentimientos sobre estas y otras muchas cosas). No estoy en ninguna parte y, al mismo tiempo, estoy en todas partes. No tengo cuerpo y el mundo entero es mi Cuerpo, soy a la vez Nada y Todas las cosas, y nunca, absolutamente nunca, soy algo. En esto no hay punto medio, ninguna solución de compromiso, ninguna posición intermedia entre ambos extremos. San Juan de la Cruz, ese gran santo y poeta, me dice que para ser todo debo ser nada, pero no tengo por qué limitarme a creer su palabra; siempre puedo comprobar por mí mismo este hecho asombroso, sin importar cuál sea mi estado de ánimo o la actividad que esté realizando en este momento, simplemente echando un vistazo a aquello desde lo que estoy mirando aquí mismo.

No me digas que no puedes ver en tu propio Centro exactamente Eso de lo que te estoy hablando. Ahora mismo estás viendo estas líneas de tinta negra impresa sobre papel blanco. ¿Qué es lo que, en este momento y según la evidencia presente, las está absorbiendo, acogiendo o captando ahí, justo donde estás? Nadie salvo tú se halla en posición de responder. Tú eres la autoridad única y final sobre qué es aquello desde lo que estás mirando ahora mismo, sobre qué está sucediendo en el mismísimo centro de tu mundo. ¿Tiene algún color? ¿Tiene algún tamaño, alguna forma o textura? Y, si los tiene, ¿cuáles son? ¿Es una de las cosas que ves en el mundo? Si así fuera, debería interponerse entre tú mismo y esta hoja impresa, tendría que obstaculizarte su visión.

Yo te pregunto: ¿No es precisamente la AUSENCIA de todas las cosas; una pantalla sin límites y perfectamente en blanco, por así decirlo, que está recibiendo todas estas palabras impresas y cualquier otra cosa que se ofrezca? ¿No es una Nada, una No-cosa, que está *despierta* a su propia insustancialidad, al hecho de que es precisamente eso, un No-algo? Es posible que ahora te sientas tentado de exclamar que ¡es «Algo» increíble!

Sin embargo, me preguntas: «¿Cómo demonios puedo ver una ausencia, algo que no está ahí presente para poder verlo?».

A lo que te respondo que puedes y, de hecho, lo haces, con la mayor facilidad y todo el tiempo. Como ya he señalado, mientras que las *cosas*, al ser tan complejas, resultan en mayor o menor medida inescrutables, su *ausencia* está clara y resplandecientemente a la vista precisamente debido a su simpleza y su sencillez. Por ejemplo, mi ausencia de la habitación en la que ahora estás sentado es totalmente clara y evidente para ti, pero si estuviese presente, tan solo podrías tener una visión *muy parcial* de mí. ¿Por qué? Pues porque captarme por completo, verme en mi totalidad (percibir cada matiz, cada línea, cada pelo y cada mancha, etc., desde la coronilla hasta la barbilla y desde la barbilla hasta las suelas de zapatos) sería sencillamente imposible. Lo que realmente *ves* de mí no es más que una pequeña fracción de todo lo que se puede ver de mí. Te pierdes la vista desde arriba, desde los laterales y desde la espalda, o los innumerables detalles de mi anatomía interna. ¡En verdad soy el hombre invisible! No puedes *oler* mi ausencia (espero), pero la *ves* con la misma claridad con la que ahora ves la ausencia de erratas (espero igualmente) en esta página.

No obstante, te oigo replicar: «De todos modos, *siento* que soy este cuerpo que está sentado en esta silla, este cuerpo que habla con la gente y camina por la habitación».

Entonces tus sensaciones (te respondo) te están engañando, están jugando contigo. ¿Qué sería este pequeño cuerpo tuyo sin todos los ingredientes que lo componen en todos los niveles, hasta el quark y más allá? Te resultaría imposible ser un humano sin los otros humanos, no podrías estar vivo sin el resto de especies, no podrías existir sin tu planeta o sin tu sol. De hecho, tu verdadero Cuerpo es la totalidad de este cosmos estrictamente indivisible, y si le faltase algo no te serviría como tal. En otras palabras, eres la Nada que explota y se expande infinitamente en el Todo, en el Uno. Estás, por la gracia que ese Uno te otorga de forma gratuita, indisolublemente unido a Él. Pareces un ser humano, pero en realidad eres Nada (Ninguna-cosa) y Todo (Todas-las-cosas). Y tu problema es que no te das cuenta de que cuando dices «Al fin y al cabo, no soy más que un ser humano» estás pronunciando el más flagrante y dañino sin-sentido.

Hablando por mí mismo una vez más, esta clara percepción de mi Nada, la cual porta consigo una convicción total, es mi mejor esperanza y, de hecho, la única esperanza que tengo de arreglar las cosas. Así pues, seguiré viendo lo que soy en el Centro, cómo todo lo que había supuesto que era, todo lo que había robado, ya ha sido restituido a su legítimo Propietario y, después, veré qué ocurre como resultado de esa comprensión. En la medida en que me limito a hacer justamente eso, descubro que todo está ya sanado, que todo es ya pleno, total, completo.

Y además me doy cuenta de que si bien soy totalmente incapaz de convertirme en cualquier clase de *santo* (y de tratar de resolver los problemas del mundo de esa forma tan inmensamente difícil), también soy completamente incapaz de convertirme en ninguna clase de *persona*, y ya no digamos en una *buena persona*. Y con eso tendrá que valer. Este «mirar hacia dentro» es fácil, natural, refrescante, secular, nada extraordinario ni especial en absoluto. Lo que sin duda ya no resulta tan sencillo sin una buena cantidad de práctica es mantener esta visión todo el tiempo, pero siempre es renovable a voluntad cada vez que elijo girar mi atención y dirigirla a la Ausencia aquí de alguien que preste atención.

Así pues, nuestra cuarta alternativa ciertamente es la indicada para mí. ¿Lo es también para ti? Si me dices que esta Nada parece de lo más anodina y aburrida, que es sumamente insulsa y en apariencia inútil, estaré de acuerdo contigo, pero tanto tú como yo tenemos una preciosa razón secreta para negarnos a rechazarla de esa manera. Me explico. Estás hecho de células, que son criaturas capaces de ejercer una gran fuerza. Por ejemplo, pueden partir rocas en dos o levantar adoquines. Y las células están hechas de moléculas que (como la pólvora, por ejemplo) son capaces de ejercer una fuerza mucho mayor. Y, a su vez, las moléculas están hechas de átomos que (como en la bomba atómica) son muchísimo más potentes y, por supuesto, mucho más sucios y contaminantes. Y los átomos están hechos de partículas que (como en el caso de la bomba nuclear) son aún más potentes y contaminantes. Y, finalmente, las partículas están hechas de la Nada que tú y yo encontramos en nuestro propio Centro, la No-cosa que da origen a Todas-las-cosas. Y, en secreto, esta Nada es todopoderosa pero absolutamente limpia. En última instancia, no podemos depositar nuestra confianza en nada salvo en Esto. Además es perfectamente verificable, real, un hecho fáctico, no algo que tengas que creer tan solo porque hayas leído sobre el tema en alguna parte, o porque alguien que se hace llamar a sí mismo *sacerdote* o *reverendo* te lo haya dicho. Ciertamente tampoco deberías creerme a mí cuando te digo que tú también puedes ver cómo tu mundo se transforma de forma radical una vez que ves claramente por ti mismo que nunca jamás puedes robarle ni la más mínima astilla. Simplemente dale de corazón a tu ilimitada Claridad Central la oportunidad de revelarse, y después observa qué ocurre.

Y he dicho *astilla* porque eso me permite enlazar con la conclusión de este capítulo, un relato sobre Jesús extraído de la tradición musulmana. Nos lo cuenta el poeta sufí Attar:

Cuando todo en ti quede reducido a cenizas, incluyendo todo lo que llevas contigo, todo tu equipaje, no quedará en ti ni la menor sensación de existencia. Pero si queda algo de ti, aunque, como en el caso de Jesús, no sea más que una simple astilla, un centenar de ladrones aguardarán para acecharte a lo largo del camino. Aunque Jesús se había despojado de todo su equipaje, esta última astilla aún podía rasgarle el rostro.

¡Suéltalo todo! ¡Déjalo ir! ¡No tienes nada que perder, y sí todo que ganar!

Y, en caso de que te resulte de ayuda destilar todo este complicado y prolijo capítulo en su más absoluta quintaesencia (garantizada al cien por cien), aquí la tienes: *Ahí donde no hay nada tampoco puede haber ningún problema.*

3

Volver a casa a caballito

EL SENTIDO Y EL PROPÓSITO de mi vida es la unión consciente con mi Fuente Divina. Por supuesto que sigo siendo un ser humano, pero ahora ese individuo es periférico, está alejado más o menos un metro del Centro, de mi verdadero Yo. Aquí, en mi Centro, se encuentra el Hogar del Uno que realmente soy, del Uno que es Todo.

Para que el Uno que es Todo pueda establecer su residencia aquí, en mi Centro, ese Centro ha de estar completamente vacío de todo. Si algo, por mínimo que sea, quedase aquí y se interpusiese en su camino, sería suficiente para expulsarle, y también para reducirle a menos que la Totalidad. La dichosa circunstancia de que Él esté en mí como la Totalidad de su Ser indivisible implica que yo me hallo en mi verdadero Hogar con Él y como Él, y que aquí estoy absolutamente libre de las innumerables imperfecciones de ese ser humano periférico. Justo aquí y justo ahora estoy completamente limpio de todas mis culpas y debilidades humanas. ¡Qué gran favor!

¡Y también significa que no puedo regresar a mi Hogar sin ti! ¿Por qué? Pues por la sencilla razón de que el Todo que soy aquí te incluye a ti, al igual que a todos los demás. Independientemente de si eres consciente de ello, o de si das o no das tu consentimiento, cada vez que regreso a mi Hogar lo hago viajando en tu lomo, contigo llevándome a cuestas, a caballito. No hay otra manera. Más aún, nadie puede regresar a su Hogar sin cargar conmigo a cuestas. Pero en esto ni tú, ni yo ni nadie tenemos ningún mérito, pues estamos hechos así por gracia divina, ya que, como partícipes de la Naturaleza Divina, somos Uno con Dios, «el Caballito Supremo».

Todas las grandes tradiciones espirituales, cada una a su modo exclusivo y particular, han anunciado esta maravillosa, reconfortante y alentadora verdad. Aquí tenemos un par de ejemplos.

Una antigua enseñanza budista proclama que cuando Gautama consiguió ver su Verdadera Naturaleza y se convirtió en el Buda, su iluminación necesariamente implicó la iluminación de todos los seres sintientes pasados, presentes y futuros, lo cual, claro está, nos incluye a ti y a mí. ¡Eso sí que es hacer de caballito pero a lo grande, a gran escala!

En el corazón mismo de la fe cristiana encontramos la creencia de que Dios, bajo la persona de su Hijo, ya nos ha salvado a todos de nosotros mismos pagando un altísimo precio y nos ha concedido la segura y gloriosa posibilidad de alcanzar la unión total con Él. Lo único que tenemos que hacer es decir «¡Sí!». O, dicho de otro modo, aceptar su oferta de llevarnos a cuestas de vuelta al Hogar. Así que, al igual que Pablo, yo también proclamo: «Vivo, mas no soy yo quien vive, sino Cristo quien vive en mí». Cristo, el Buen Pastor que busca y encuentra a las ovejas perdidas y las conduce de vuelta al redil. ¿Y quién de nosotros no es una oveja perdida?

Resulta que estoy escribiendo esto en la orilla del río Orwell, en Suffolk (el río en el que se inspiró George Orwell para adoptar su pseudónimo). Recordarás la gravedad con la que finaliza su novela *1984*:

> Bajo el nogal de las ramas extendidas
> yo te vendí y tú me vendiste.

Pues bien, yo digo que ahora, en este tercer milenio, podemos elegir. ¿Vamos a seguir como hasta ahora o decidirnos a vivir de este otro modo?:

> Bajo el árbol de la *bodhi*
> volvemos a casa a caballito;
> tú cargas conmigo y yo contigo.

4

La Experiencia y el Significado

Teníamos la experiencia, pero perdimos el significado.

T. S. Eliot

Introducción

ME RESULTA IMPOSIBLE leer esta conocida frase de la obra *Cuatro cuartetos* sin añadir mentalmente: «O tal vez teníamos el significado y perdimos la experiencia». Puede que suframos de la primera enfermedad carencial o de la segunda, o incluso es posible que padezcamos ambos males. Y muy probablemente sin tener una idea clara de cuál es el problema.

De ahí este capítulo. Propongo, una vez que hayamos distinguido claramente lo que considero la Experiencia esencial de lo que considero su Significado, que investiguemos cómo es y qué supone contar con uno de estos dos aspectos careciendo del otro, así como qué podemos hacer para corregir esta situación. La cuestión que me gustaría plantear es cómo podemos reconocer y superar este desequilibrio. Porque, ¿quién querría vivir de este modo, vivir, se podría decir, una vida a medias? Tengo la impresión de que un hombre que tuviese que ir saltando a la pata coja o un pájaro con un ala rota estarían menos lisiados, menos tullidos. Pero veamos.

La Experiencia

Así pues, en primer lugar dejemos bien claro qué es la Experiencia real y verdaderamente. Tres palabras bastarán para este cometido: *ver nuestra Nada*. Es así de simple. O, por elaborar un poco más la cuestión, *consiste en girar la atención 180° y dirigirla hacia Aquello desde lo que estamos viendo, hacia nuestra Ausencia, nuestra Naturaleza Vacía, nuestra Vacuidad o Claridad sin mácula, hacia nuestra total falta de características, de marcas distintivas, de logros, de lo que sea*. No es —enfáticamente no— saberlo todo sobre nuestra Naturaleza sin naturaleza, o entenderla en profundidad, o creer en ella con total sinceridad, ni tan siquiera sentirla de un modo intenso y agudo, sino verla de un modo tan irrevocable e íntimo que no solo *vemos* esta Ausencia que somos sino que también somos esta Ausencia que vemos. Pero, por desgracia, hasta las palabras más aptas y acertadas no hacen más que complicar lo que, al fin y al cabo, es la Simplicidad misma.

Estrictamente hablando, es imposible describir esta Experiencia (que no es sino el sustrato de toda experiencia). Es tan inefable e incomunicable como la rojez del color rojo, el dulzor de la miel o el olor de las violetas silvestres. Intenta explicarle a una persona daltónica de nacimiento lo que es el color púrpura. Pues bien, hablarle de su Núcleo Vacío resulta aún más inútil. De algún modo has de conseguir que mire por sí mismo hacia sí mismo, hacia su propio interior, en lugar de limitarse a mirarte a ti (es decir, a mirar hacia el exterior). Entonces y solo entonces nada podría ser más fácil o más simple, más ferozmente autoevidente para él o ella que su Nada, su desaparición en tu favor. Como dice el *Sutralamkara*, «Lo cierto es que el Buda nunca predicó la verdad salvadora, pues uno tiene que descubrirla dentro de sí mismo».

No obstante, hay cuatro cosas que podemos decir (y es necesario hacerlo) sobre esta Visión Interior esencial.

En primer lugar, debido precisamente a que carece de toda cualidad propia, a que no tiene Nada, es Uno y Lo Mismo para todos los seres de todos los niveles. En esto no hay ángulos distintos, perspectivas especiales o puntos de vista privilegiados; no hay variaciones; no hay pases privados o preliminares ni proyecciones preferentes; no hay versiones más iluminadas o menos iluminadas de Esto; no hay alturas en las que encumbrarse o desde las que caer; y ciertamente tampoco conlleva ningún aspecto religioso, espiritual o estético que cultivar.

En segundo lugar (y por la misma razón), el «primer atisbo fugaz» que uno tiene de su propia Naturaleza no difiere en absoluto de la «postrera, más clara, diáfana y sostenida visión» de dicha Naturaleza. Sin importar cuán breve o cuán constante pueda ser, esta Experiencia es única entre todas las experiencias en el hecho de que en ella no hay grados de claridad, intensidad o familiaridad. Es como si cada vez que se produce fuese la primera vez. Tanto si nos gusta como si no, en ella no puede haber nunca ninguna esperanza de mejora, ningún progreso que marcar en nuestro gráfico de evolución espiritual. O vemos Esto o no lo vemos. Esta es la única habilidad en la que no podemos mejorar, sino tan solo ejercitarla con más frecuencia y durante periodos más largos.

En tercer lugar, de lo anterior se deduce que, seas quien seas, estés donde estés y sea el momento que sea, tu Realidad Interna es el más simple de todos los relatos, así como que es idéntica a la Realidad Interna de todas las demás criaturas. Por consiguiente, ver Aquello que realmente eres no es solo *ver* Aquello que estas realmente son, sino *ser* lo que ellas son en realidad. Más allá de toda duda, tú eres yo, él, ella, ello y todo lo demás. Y al momento acabas de dar también con la respuesta a toda soledad y alienación en el mundo. Descansas en el Fundamento mismo del Ser, en la Base de todo amor y cuidado hacia los demás. Secretamente, a la vez que sanas tus propias heridas estás sanando también las de este maltrecho mundo.

En cuarto lugar, si bien es indudable que existen toda clase de seres sintientes habitando un sinfín de sistemas solares en este vasto cosmos (seres cuyos cuerpos difieren espectacularmente de los nuestros), nosotros, que vemos aquí nuestra Verdadera Naturaleza, vemos igualmente la de esas otras criaturas y somos Uno con el Uno que está presente en todas ellas.

El Significado

Fíjate en que todas las observaciones anteriores —y cualquier otra observación que se pueda hacer sobre la Experiencia— pertenecen a su Significado; ninguna pertenece a la Experiencia en sí. Y observa también que no es posible pasar de la una a la otra. Ni tan siquiera la más precisa y profunda descripción de Aquello que realmente eres puede darte la más mínima pista sobre cómo es Aquello que realmente eres, de la misma manera que las letras R O J O no pueden indicarte en absoluto lo que es experimentar ese color. Todo lo que pueda decirse sobre la Experiencia (cualquier cosa que tenga contenido o que transmita alguna información) se encuentra a años luz de la Experiencia en sí y es absolutamente incapaz de insinuar siquiera cómo es. De hecho, no se parece a nada en absoluto porque es Nada en absoluto. O digamos mejor que es un No-algo en absoluto, teniendo en cuenta que sin duda un No-algo, una No-cosa *profundamente consciente de sí misma como No-cosa (como Nada)* es mucho más maravilloso que la cosa (el *algo*) más maravillosa que pudiera existir. Y, además, en esta No-cosa no hay avances ni aproximaciones que valgan; tan solo un salto cuántico repentino y no premeditado te hará pasar de lo que te define, de lo que trata de ti (lo que te describe periféricamente) a lo que realmente eres, a tu Naturaleza Vacía.

Por supuesto, los cuatro elementos del Significado que hemos examinado hasta ahora no son más que una pequeña muestra de su relevancia, de sus inagotables consecuencias y sus aplicaciones prácticas en todas las cambiantes circunstancias de la vida. Aquí tenemos unas cuantas más:

Mientras que la Experiencia de nuestra naturaleza se sirve (si es que lo hace) completa en una única ración infinitamente generosa, su Significado permanece oculto o retenido en su mayor parte. Normalmente se dispensa en pequeñas cantidades, otras veces se vierte con más generosidad, pero nunca se ofrece en su totalidad. La última palabra sobre Esto nunca se pronuncia, su noción última y omniabarcante jamás se concibe, el sentimiento más profundo nunca llega a sondearse. No es que me queje. Al contrario; esto hace que nuestra admiración siempre se vea renovada y que nos inunde un sentimiento de agradecimiento ante el hecho de que una Pobreza tal produzca esa enorme abundancia de la que podemos disfrutar en todo momento, de que esta Semilla tan desdeñada y desatendida florezca y dé lugar a la más duradera, prolífica y resistente de cuántas plantas perennes puedan existir. Por lo tanto, contar tanto con la Experiencia como con el Significado supone disfrutar lo mejor de ambos mundos. Por improbable que parezca, disponemos de ambos: la seguridad siempre presente y libre de todo acontecimiento del Hogar *y* las interminables contingencias del exterior; el ancla que nos mantiene bien sujetos a la seguridad de la roca madre, a nuestra Base y nuestro Fundamento *y*, por otro lado, fuertes vientos y velas henchidas que nos transportan sin descanso a nuevas aventuras.

Uno de los aspectos más notables de esta dicotomía (del contraste total que existe entre la Experiencia y su Significado) es que mientras que este último no está de ninguna manera disponible a petición del usuario, la primera es accesible en todo momento. Una vez que has dado con el camino de regreso al Hogar, puedes recorrerlo al instante y a voluntad. Da igual lo dudoso que sea tu pasado, lo difícil y complicado que sea tu presente o lo intimidante que pueda parecerte tu futuro, da igual lo sombrío que sea tu estado de ánimo o lo mucho que te preocupen y atribulen tus problemas, pues en todo caso tu derecho de entrada (una entrada fácil y natural) está garantizado incondicionalmente. Cuando más acuciante sea tu necesidad de entrar podrás acceder sin problema a este Lugar que jamás has abandonado. Quizá tengas un cierto entendimiento del *Significado* de lo que estás haciendo o quizá no. Si lo tienes, puedes estar seguro de que será provisional y parcial, de que ni de lejos estará completo. Pero también puedes estar igualmente seguro de que *el hacer* en sí mismo es perfecto, siempre sin obstrucciones, oportuno, natural y sin mácula. ¡Este regreso a Casa supone un triunfo inmensamente mayor que todas esas otras cosas mundanas en las que tú y yo nos afanamos!

Por un lado, hemos de trabajar asiduamente en el Significado de nuestra Naturaleza Vacía (es decir, en sus aplicaciones e implicaciones, sus interminables complicaciones y conexiones). El Significado requiere de toda la inteligencia y la energía que podamos dedicarle, y aun así se nos muestra fugitiva y tímidamente, nunca llega a ser claro como el cristal, nunca es completamente obvio ni está libre de contradicciones. Por el contrario, la Experiencia de nuestra Naturaleza siempre es transparente y completa. De hecho, ¡hasta que no veas Qué eres no sabrás cuál es el verdadero significado del adjetivo *obvio*! Solo tú, el verdadero Tú, tú tal como eres para ti mismo, como eres intrínsecamente, eres absolutamente visible. Todo lo demás está más o menos velado, más o menos oculto. En comparación con esta Visión, todas las demás visiones (todo lo que podemos ver) son oscuras, difusas, tenues, tentativas. Hay algo verdaderamente único y excepcional en la obviedad de la Visión, una nitidez, una sorpresa, un escalofrío, una emoción calmada para la que no existen palabras adecuadas.

¡Y todo esto a pesar de su indescriptible ordinariez!

La Experiencia sin el Significado

Hasta aquí en cuanto a nuestra pequeña muestra de las interminables diferencias que existen entre la Experiencia y su Significado. Ahora veamos qué supone contar con la primera pero careciendo del segundo.

Casi puedo oírte pensar: «Bueno, no va a ser fácil».

A lo que te respondo: «En realidad puede que resulte demasiado fácil». Pero, como siempre, veamos.

Mira a alguna otra persona que se encuentre en la habitación o tu propio rostro en el espejo y comprueba que estás vacío para él, ella o ello, que en este momento te experimentas a ti mismo como el Espacio que está percibiendo ese rostro.

Ahora echa un vistazo a la cara que he dibujado:

Y comprueba que, *según la evidencia presente*, la escena se presenta en una configuración completamente asimétrica. Fíjate en que esa cara de ahí aparece ante tu No-cara de aquí, que esos dos pequeños ojos aparecen ante tu único e inmenso «Ojo» de aquí, que esa opacidad con un patrón concreto y definido aparece ante esta Transparencia sin patrón, que esa pequeñez aparece ante esta Inmensidad.

Date cuenta de que jamás, ni por un solo instante, puedes confrontar a nadie, de que nunca has estado «cara a cara» con nadie. Fíjate que no eres ni por asomo lo que les pareces ser a los demás (las personas de ahí fuera se encuentran demasiado lejos, no están en posición de ver Aquello que tú mismo eres realmente ahí donde te encuentras de verdad). Observa que no solo puedes ver *lo que* estás mirando, sino también (y con una claridad muchísimo mayor) Aquello *desde lo que* estás mirando.

Algunos lo llaman nuestro «Rostro Original», otros se refieren a ello como «el Ojo de Buda», otros como «la Luz que ilumina todo lo que llega a la existencia», mientras que otros prefieren denominarlo «No-cabeza», pero lo llamemos como lo llamemos, no se trata de una mera impresión pasajera o de una réplica de Esto, sino del artículo real, exactamente como el Buda y Jesús y todos los demás veedores lo experimentaron.

Por favor, continúa mirando simultáneamente dentro y fuera unos segundos más.

«¿Por qué debería molestarme en hacerlo?», me preguntas.

Te lo diré. Porque esta es la Experiencia más trascendental que nadie haya tenido jamás. Porque a pesar de su terriblemente aburrida simpleza —tú mismo puedes ver que no tiene Nada que se pueda recomendar—, esta es la visión más importante de la vida, de todas las vidas.

«Bueno —podrías replicar—, es una visión que me deja frío. Para mí lo único que significa es que por supuesto que no puedo ver mis propios ojos, mi cara o mi cabeza. ¿Y qué? ¿Qué tiene esto que ver con la iluminación plena y perfecta del Buda, o con la iluminación que yo mismo me esfuerzo en conseguir y que espero alcanzar algún día (tal vez dentro de muchos años, aunque es más probable que dentro de muchas vidas)? Sí, claro que entiendo exactamente lo que quieres decir, pero, de nuevo me pregunto, ¿Y QUÉ?».

¡Ahí lo tienes! ¡Eso es! ¡*Ahí tienes servida en bandeja tu Experiencia sin Significado!* Vivimos en una democracia, y si lo sometemos a votación, tu reacción demostraría ser la correcta. Con ligeras variaciones, es lo que la mayoría de la población, así como la mayoría de los buscadores serios (discípulos de los grandes maestros, seguidores de las grandes disciplinas espirituales) me han estado recriminando en las últimas décadas. Siempre que intento que giren su atención y examinen el Punto que ocupan (para descubrir que no son ellos quienes lo ocupan, sino los demás), sus comentarios han sido el equivalente al consabido «¿Y QUÉ?». He de decir que más o menos de cada centenar de personas a las que logro convencer de que miren y que brevemente pierden la noción de sí mismas tal como creían ser, no más de tres o cuatro se dan cuenta de que su descubrimiento es tan sorprendente, relevante y significativo que merece la pena seguir cultivándolo. Y son aún menos las que siguen valorando y renovando esta Visión hasta que se produce de forma natural, sin tener que hacer un esfuerzo consciente para recordarla, hasta que su verdadero poder para cambiar por completo nuestra vida (su increíble saber hacer) queda revelado.

Pero no es de extrañar que la Experiencia esencial sea descartada con tanta arrogancia y desdén, que resulte tan inoportuna y nos mostremos tan recelosos de profundizar en ella. El famoso *Sutra del Diamante* tiene sobradas razones para advertirnos que, bajo la superficie, a todos nos aterra nuestro propio Vacío. Hasta que su inagotable y asombrosa benevolencia y fertilidad empiezan a tomar forma, es lógico y normal que a la gran mayoría nos parezca no solo insignificante sino también suicida, nuestra más pura y total aniquilación.

El Significado sin la Experiencia

Ahora llegamos a la otra clase de unilateralidad, que, en principio, podría parecernos incluso más incapacitante. A fin de cuentas, se puede hacer que un corazón sin cuerpo siga funcionando, pero ¿un cuerpo sin corazón? Bueno, una vez más, veamos.

No obstante, antes que nada debemos dejar en claro una cuestión. Por así decirlo, no vamos a fijarnos en ejemplos de *personas* que, desafortunadamente, cuentan con el Significado pero no con la Experiencia (siguiendo con la analogía, que tienen el cuerpo pero no el corazón), sino que más bien vamos a tratar de encontrar ocasiones, contextos, estados de ánimo,

conversaciones, conferencias, libros, etc., en los que esas personas parecen a todas luces ser así. Y obraremos de este modo
porque nunca es perfectamente seguro extrapolar lo general a
partir de lo particular; pensar que solo por escuchar lo que
alguien dice sabemos lo que realmente piensa; creer que únicamente a partir de lo que surge de esa persona podemos inferir
quién o qué es; o que a partir de un solo acontecimiento o un
único periodo de su vida podemos generalizar el resto. La gente
no es así de consistente ni así de simple. No me atrevería a decir
que exista alguien a quien se le niegue permanentemente el
acceso a su Naturaleza Vacía, a su significado y su poder. Nadie
carece jamás de dicha posibilidad. Todos tenemos siempre
acceso a dicha Naturaleza.

Durante muchos años he admirado los escritos de varios
pundits contemporáneos y eruditos de los últimos tiempos,
expertos espirituales cuya comprensión del Significado de
nuestra Verdadera Naturaleza es maravillosa. El alcance y la
minuciosidad de sus obras es tal que da la sensación de que no
dejan ningún cabo suelto. De hecho, en muchas de ellas he
encontrado instrucciones útiles pero poco o nada que criticar.
Lo único que echo en falta es la Experiencia. Se trata de fantás-
ticos y sumamente refinados *yana*, vehículos espléndidos en los
que tanto el carro como el auriga se muestran en toda su majestuosidad, pero, usando las inolvidables palabras del poeta Roy
Campbell: «¿Dónde está el maldito caballo?».

No me malinterpretes. No estoy acusando a estos expertos
de lanzarse a por el carro antes de conseguir un caballo, y aún
menos de tratar de prescindir del animal por completo. No
digo que no tengan ninguna Experiencia en absoluto de su
Naturaleza Vacía, sino que fracasan a la hora de transportarme
a dicha Experiencia y restregármela en la nariz (¿qué nariz?). Y
lo que es aún peor, son capaces (de forma involuntaria, sin
duda) de alejarme de ella, de evitar que me acerque, como si se
tratase del peligroso borde de un acantilado o de un pozo enve-
nenado. Cada vez más sediento, me invitan a un extraordinario
banquete de nueve platos repletos de Significado, pero sin una

sola gota del vino de la Experiencia con que bajar todo eso. Como es natural, me producen indigestión, cuando no algo peor.

Los tres conocidos maestros que citaré a continuación me servirán estupendamente bien para ilustrar mis observaciones. Probablemente puedas completar la lista con unos cuantos autores más que formen parte de tus propias estanterías.

Mi primer invitado ilustra lo ingeniosas que pueden llegar a ser las evasivas mediante las cuales, a la más mínima oportunidad, nos las arreglamos para pasar por alto nuestro Rostro Original, los subterfugios con los que nos las apañamos para casi ver nuestra Naturaleza Vacía (e incluso para extraer algunas ventajas psicológicas menores de la estratagema) mientras que, al mismo tiempo, nos aseguramos de permanecer totalmente ciegos a su evidente obviedad. Pone de manifiesto con qué habilidad (y de qué modo tan absurdo y estúpido) nos creamos una idea mental sobre «Ello» para ocultar o enmascarar la realidad, así como lo conveniente y eficaz que es dicha idea para degradar nuestra Naturaleza hasta una mera ficción conveniente. A esta técnica podríamos denominarla el método «como-si-fuera» para evadir lo que «ya-es-así». A continuación cito un capítulo ominosamente titulado «La meditación de la guillotina»:

> Una de las más hermosas meditaciones tántricas: Cuando camines, visualiza que la cabeza ya no está ahí, tan solo el cuerpo. Cuando te sientes, visualiza que la cabeza ya no está ahí, sino únicamente el cuerpo. Recuerda continuamente que tu cabeza ya no está ahí. Imagínate a ti mismo sin cabeza. Fórmate una imagen de cuerpo entero de ti mismo sin cabeza y obsérvala. Baja un poco el espejo del baño, de manera que cuando te mires no puedas verte la cabeza, solo el cuerpo.
>
> Tras unos cuantos días evocando esta imagen sentirás que te envuelve una gran sensación de liviandad, un silencio tremendo, porque el problema es la cabeza. Si eres capaz de concebirte a ti mismo como un ser sin cabeza (y eso es algo fácil

de hacer) entonces estarás cada vez más centrado en el corazón.

En este mismo momento te puedes visualizar a ti mismo
descabezado. Entonces comprenderás de inmediato lo que te
estoy diciendo.

Y el remate final del chiste es que, siguiendo inmediatamente estas exhortaciones a realizar un trabajo mental extenuante,
aparece el solemne pronunciamiento que afirma que «la mente
es basura».

Bueno, esta es mi respuesta. Yo no tengo que pensar, concebir o imaginar que no tengo cabeza, ¡*veo* que no la tengo! No
fantaseo con que no haya una cabeza aquí, sino que simplemente constato que no hay ninguna cabeza, y que en su lugar se
encuentra una inmensa Vacuidad. Sin violencia alguna, no me
decapito (mucho menos a los demás), sino que dejo de negar
que, para mí mismo, termino a la altura de los hombros. Esto es
ver de verdad, ver con honestidad, tomar la realidad tal como
se presenta, rendirse a la evidencia en lugar de vapulearla. (Y si
piensas que estoy mintiendo o fantaseando cuando digo que
aquí no tengo cabeza, te invito a que vengas hasta donde me
encuentro y eches un buen vistazo. Te garantizo que cuando
recorras el camino que lleva hasta Mí perderás todo rastro de
Harding).

Mi segundo caso es un bien conocido gurú que se veía a sí
mismo como un antigurú. Su tema favorito era «la ausencia del
yo», dejar de ser, la aparición del no-yo: «Todos tenemos miedo
de no ser nada, pero hay un estado de acción, un estado de
experimentación en el que no hay ningún experimentador.
[Son nuestras creencias las que ocultan] el miedo a ser realmente nada, a estar realmente vacíos». Y así sucesivamente sesión
tras sesión, encuentro tras encuentro, libro tras libro. Me pregunto qué podría ser más cierto, más claro, más relevante, más
significativo o más digno de ser pronunciado, qué podría estar

mejor calculado para despertar nuestro apetito por la Experiencia real.

Bueno, lo que sigue es parte de una conversación que tuvo lugar el 9 de octubre de 1977 entre este maestro (M) y uno de sus discípulos (D) más antiguos (o tal vez debería referirme a él como uno de sus socios más veteranos):

> D: Me preguntaba si podríamos reflexionar juntos sobre una cuestión. No es un asunto personal ni un problema, sino un aspecto de la percepción que llevo varios años queriendo discutir contigo. Tiene que ver con la percepción visual. A menudo hablas de la percepción visual, de, por ejemplo, mirar un árbol, una nube, etc., pero mayormente lo haces como introducción para hablar sobre la estructura de la mente.
>
> M: Sí.
>
> D: Cuando miro algo y observo el espacio que media entre ese objeto y yo, entonces aquí (señalando su propio rostro), en ese momento de atención, no veo nada, solo hay vacío.
>
> M: No entiendo esas palabras, *nada* y *vacío*.
>
> D: Sé que el término *nada* no se debe emplear a la ligera...
>
> M: Entonces, ¿qué quiere decir usted con eso, caballero?
>
> D: Me refiero a la *ausencia*, a toda ausencia aquí (apuntándose al rostro) de todas las cualidades que percibo ahí.
>
> M: Pero puede mirarse en el espejo.
>
> D: Eso no supone ninguna diferencia. Lo que veo en el espejo sigue estando ausente en este lado del mismo.
>
> M: No le entiendo demasiado bien... ¿Qué significa eso en términos prácticos, en términos de acción?
>
> D: Bueno, pensé que podríamos discutir si es verdad intrínsecamente.
>
> M: *(Mostrando cierta impaciencia).* No me interesa ningún «intrínsecamente».
>
> D: Creo que uno de los aspectos más hermosos de esta comprensión es que siempre está disponible.
>
> M: No, no puedo aceptar eso.

D: Me parece que incluso las cosas más simples adquieren un significado totalmente diferente cuando se ven desde este espacio.

M: No hay ningún espacio. No puedo estar de acuerdo en eso.

Nuestro tercer exponente del Significado sin la Experiencia es igualmente famoso y prolífico. Él, como muchos otros, estaba interesado en mi trabajo, pero no llegó a entenderlo. Allá por los años setenta, se alojó en mi casa durante una visita que hizo a Inglaterra. En cierta ocasión yo me encontraba desayunando cuando él, a modo de buenos días, me soltó directamente las grandes noticias que traía. Por fin había visto aquello de lo que yo hablaba. ¡Había tenido un sueño muy vívido y real en el que todo el mundo iba por ahí sin cabeza!

Por supuesto, hice todo lo posible por explicarle que la Experiencia sin cabeza, la Experiencia de la primera persona, es esencialmente singular, y que la segunda y la tercera personas como tales en modo alguno están decapitadas, pero no tuve éxito, y eso que se trataba del escritor occidental más brillante, versátil y popular de su generación sobre el zen y otras disciplinas espirituales. ¿O acaso el problema radicaba precisamente en su brillantez?

Ni la Experiencia ni el Significado

Por un lado, casi no hace falta que indique que la mayoría de la gente no está preparada o se muestra reacia a echar un vistazo a su Naturaleza sin naturaleza, y mucho menos a explorar la enorme riqueza de sus implicaciones y aplicaciones. La liberación es aún más rara que la santidad. Por otro, creo que el bienestar de nuestra especie, y tal vez su mismísima supervivencia, dependen de que la liberación se vuelva mucho más común (si no la norma por la cual se juzgue la madurez) antes de que sea demasiado tarde.

Sin embargo, debo apresurarme a agregar que, así sin más, sin matizar, la rareza de la liberación es una desastrosa verdad a medias. La verdad primaria y total, la verdad que nos salva, es que todos vivimos ya desde nuestro Espacio y no desde nuestro rostro. Todos lo estamos haciendo ya bien, todos estamos firmemente y para siempre establecidos en nuestra Verdadera Naturaleza. Ser es ser el Ser o no es nada. En este sentido todos estamos despiertos. El mero hecho de que tú y yo no vayamos por ahí chocándonos contra los muebles, que captemos o veamos estas formas y patrones impresos en negro sobre blanco sin el menor esfuerzo, es prueba suficiente de ello. Si bien que aún no deseemos saber nada de esta buena nueva supone una enorme diferencia a nivel práctico, no implica ninguna en lo fundamental. En última instancia, no existe ninguna experiencia más que esta Experiencia. Solo nuestra Naturaleza Vacía es autoconsciente. Todo lo demás es aquello de lo que es consciente, su Significado.

Estrictamente hablando, nuestra Fuente no tiene ningún Significado en absoluto. En sí misma está infinitamente más allá de cualquier cosa, de toda materia o sustancia limitada y limitante, pues nada que podamos decir, pensar o sentir sobre Ella es Ella. O digámoslo de este otro modo: Muy bien, la Experiencia esencial de nuestra Naturaleza tiene el Significado más relevante de cuántos pueden existir (la Fuente de todo significado está mucho más allá y es absolutamente libre de todo cuando procede de ella). Y tú eres Uno con esa Fuente.

Conclusión

Para finalizar con una apostilla más práctica y mundana, preguntémonos cuál es la mejor forma de empezar la Gran Aventura. ¿Emplearnos a fondo por alcanzar el Significado y arriesgarnos a perder la Experiencia, o poner toda la carne en el asador para lograr la Experiencia y arriesgarnos a perder el Significado? ¿Esforzarnos y practicar *para* despertar un buen día futuro o establecer nuestra base en ese despertar ahora mismo y trabajar *desde* ahí? ¿Practicar con el objetivo de que, con el tiempo, en algún momento lleguemos a ver nuestra Naturaleza Vacía o practicar este ver desde el principio?

No existe una «manera mejor» que otra. Lo que nos dice qué camino tomar es el instinto (el mismo instinto que seguiremos para encontrar buenas o malas razones, para justificar lo mejor que podamos nuestra decisión).

Mi propio instinto no es ningún secreto. Mi saldo bancario es limitado, así que yo compraré el caballo de la Experiencia antes de invertir demasiado en el carro del Significado. Así al menos puedo pasearme a lomos del animal. Elijo comprar el motor antes que el chasis. De este modo al menos puedo acoplarle una dinamo con la que iluminar mi oscuridad.

Corrección: «comprar» no es el término adecuado. La Experiencia es gratis, y además con entrega gratuita e inmediata de todo el paquete en una camioneta de reparto extraordinariamente simple. Es el Significado lo que tengo que comprar a plazos, parte por parte.

Referencias

Para el *Diamond Sutra* [Sutra del Diamante], sobre el miedo a nuestra Naturaleza Vacía, véase Edward Conze, *Buddhist Wisdom Books* [«Libros de sabiduría budista»], Allen y Unwin, Londres, 1958, p. 53.

Para «The Guillotine Meditation» [La meditación de la guillotina], véase *The Orange Book: Meditation Techniques of Bhagwan Shree Rajneesh* [El libro naranja: Técnicas de meditación de Bhagwan Shree Rajneesh], 1980, pp. 75, 76.

Para las citas de Krishnamurti, véase su libro *First and Last Freedom* [La primera y última libertad], Gollancz, Londres, 1958, *passim*.

Para un ejemplo de las sobresalientes obras iniciales de Alan Watts, véase su libro *Way of Zen* [El camino del zen], Thames y Hudson, Londres, 1957.

Para las observaciones del maestro Han Shan sobre los dos tipos de yoguis zen, aquellos que empiezan con el significado y la comprensión y aquellos otros que empiezan con la realización, véase el libro de Chang Chen-Chi *The Practice of Zen* [La práctica del zen], Rider, Londres, 1959, pp. 94, 95.

5

¡Levanta las cejas!

RAY COONEY ES UN FAMOSO autor teatral, productor y director de muchos espectáculos del West End, en los cuales él mismo ha aparecido a menudo. En el papel de uno de los pronosticadores de *Seize the Day, 366 Tips for Living* [«Aprovecha el día: 366 consejos para la vida»] (Chatto y Windus, 2001), escribe:

> Como actor de comedia, «levanta las cejas» es el consejo más útil que se puede dar. Resulta casi imposible decir mal una línea con las cejas levantadas. También es la forma adecuada de ir por la vida.

Ray Cooney sabe de lo que está hablando. Por extraña e incierta que pueda parecer su receta, la ha probado de un modo tan exhaustivo y durante tanto tiempo que seríamos unos insensatos si nos limitásemos a descartarla sin más. Como mínimo, nos fuerza a preguntarnos POR QUÉ levantar las cejas le funciona tan bien a él y a los actores a los que ha preparado.

Sin duda, esta cuestión puede y debe ser abordada a varios niveles y desde varios puntos de vista: el fisiológico, el psicológico, el sociológico y el metafísico. En este capítulo esbozaré mi propia respuesta, pero dejaré que sea el lector quien decida a cuál de estos niveles pertenece y si responde o no a la pregunta de POR QUÉ levantar las cejas constituye una técnica tan infalible.

Ray Cooney está hablando de lenguaje ocular, así que comencemos con ese tema, con algunos ejemplos aleatorios de la forma en que todos utilizamos los ojos para enviarnos mensajes silenciosos y para reforzar los mensajes que emitimos mediante la voz.

(1) Cuando estoy en un encuentro y reconozco a un amigo o una amiga en la distancia, le hago una señal de saludo —«¡Hola!»— lanzándole una mirada con los ojos muy abiertos. En otras palabras, levantando las cejas. Él o ella me responde haciendo lo mismo (aunque a decir verdad no es lo mismo en absoluto, pues *veo* cómo se elevan esas cejas, mientras que *siento* cómo se elevan estas otras). Esa mirada de bienvenida, ese redondeo de los ojos en todas sus variaciones se produce de una manera bastante inconsciente, pero lo cierto es que somos expertos en ello.

(2) Cuando tenía unos trece años, sentía una cierta antipatía hacia una de mis profesoras (se llamaba señorita Blamey). Solo recuerdo lo único que me dijo dirigiéndose a mí, y fue: «¡Ay, si las miradas pudiesen matar!». Evidentemente, la había estado mirando con el ceño fruncido (las cejas hacia abajo y los ojos entrecerrados). Si la hubiese mirado con las cejas levantadas y los ojos redondos es poco probable que hubiese hecho algún comentario sobre «miradas que animan», pero estoy seguro de que habría sentido algo por el estilo.

(3) El lenguaje en sí es bastante elocuente respecto a los mensajes que circulan entre nosotros sin el beneficio de la palabra hablada. Decimos que «ojeamos», que «ponemos ojitos», y algunos miramos a nuestro posible compañero o compañera sexual con «ojos seductores». Estar en buena forma y sentirse animado es «tener los ojos brillantes y la cola tupida»[1]. Según el viejo cliché, «los ojos son las ventanas del alma». «Bebe por mí solo con tus ojos —dice la entrañable canción—, y yo brindaré con los míos»[2].

---

[1] *Bright-eyed and bushy-tailed* en el original, cuya traducción aproximada sería 'rebosante de energía y lleno de entusiasmo'. *(N. del T.)*

[2] *Drink to me only with thine eyes*, antigua canción popular. *(N. del T.)*

(4) ¿Por qué de entre todas las aves (e incluso de entre todas las criaturas en general) el búho, que mira fijamente, es la única a la que popularmente se le acredita una profunda sabiduría? ¡Es casi como si fuera el alumno aventajado de Ray Cooney!

(5) Los hombres sabios filosofan, y el principio y el fin de la filosofía es el asombro, la fascinación y la maravilla, sentimientos que no solo se caracterizan notoriamente por tener los ojos bien abiertos, sino también por una mirada redondeada o incluso por los ojos saltones. Así que te exhorto a que ni tan siquiera te molestes en escuchar a ningún filósofo, ya sea profesional o aficionado, que se dirija a ti con el ceño fruncido. ¡Sus ideas también estarán igualmente arrugadas y contraídas!

(6) En el *Tao Te Ching* y en el Nuevo Testamento, se nos advierte que lo más sabio que podemos hacer es volver a ser como los niños. ¿Alguna vez un bebé real te ha fruncido el ceño o te ha lanzado una mirada intimidante? Por supuesto que nosotros, los adultos (meras caricaturas de niños), lo hacemos constantemente.

(7) En la práctica, existen innumerables variaciones de esta clase de mirada que se caracteriza por tener las cejas levantadas y los ojos bien abiertos y redondeados. Puede significar casi cualquier cosa, desde «¡Me pareces despreciable!» hasta «¡No te

acerques!», «Me resultas extrañamente interesante» o «¡Me encantas!». Y todo esto se lleva a cabo de forma subliminal por medio de una gran variedad de ajustes sutiles en las tensiones de los músculos oculares y de la región periférica a los mismos (¿qué otra parte del cuerpo se acerca a ese grado de sensibilidad, expresividad y versatilidad?), mientras que el acto más o menos consciente de mirar sigue siendo el mismo en todo caso. Es como si el ojo —o, mejor, el Ojo— fuese un gran comunicador feliz de dejar que sea su personal maravillosamente eficiente quien se encargue de la tarea de componer y enviar mensajes. Por lo que parece, la receta de Cooney para la vida consiste en hacer una única cosa bastante simple que se ocupa increíblemente bien de gestionar las incontables complejidades únicas y particulares que la vida nos pone sin descanso en el camino. Podemos estar bastante seguros de que los actores a los que ha preparado son mucho mejores que el ciudadano promedio a la hora de comunicar los matices de la experiencia humana, y ciertamente también de que no corren peligro de convertirse en clones de Cooney, en zombis o robots de ningún tipo. De hecho, todo lo contrario.

Por supuesto que aquí tenemos una paradoja en toda regla. Al igual que ocurre en el teatro *nō* japonés, el actor principal, gracias a que permanece frío, impasible y con cara de póquer elevada al enésimo grado, consigue expresar a la perfección los sentimientos que requiere cada escena dramática.

Bueno, estas breves anotaciones al azar son suficientes para confirmar la importancia (como si fuese necesario confirmarla) de la receta de Ray Cooney para funcionar adecuadamente tanto dentro como fuera del escenario. También me sirven como introducción para exponer mis propias razones por las que deberíamos tomarnos esta recomendación muy en serio y mi explicación de por qué funciona tan bien.

Son las siguientes. De inmediato veo que esta receta para la buena vida presenta cinco ventajas inmensas:

1. A nosotros, los seres humanos, no podría resultarnos más sencillo hacerlo.

2. No se puede hacer mal, siempre está perfectamente bien hecho.

3. Se realiza instantáneamente.

4. Y a voluntad.

5. No conlleva ninguna doctrina espiritual ni nada por el estilo.

Es cierto que si bien levantar las cejas es muy potente en lo que respecta a la experiencia (a la SENSACIÓN real que produce), es sumamente débil en cuanto al significado, pero esta debilidad acaba siendo una gran ventaja, ya que justifica esas otras cinco inmensas ventajas.

En lo que a mí respecta, cuando hago buen uso de la técnica de levantar las cejas descubro algo sorprendente. La experiencia real (me refiero a la SENSACIÓN que resulta del hecho de levantar las cejas) es exactamente la misma SENSACIÓN que tengo cuando miro conscientemente desde mi Ojo Único, desde mi Ojo de Dios. En otras palabras, para mí las dos experiencias —la del Ojo Único y la de levantar las cejas— coinciden.

Así pues, me pregunto por qué no debería sustituir la práctica del Ojo Único, que carece de esas cinco ventajas, por la de levantar las cejas. En concreto, respecto de la experiencia del Ojo Único:

1. Solo un número muy limitado de personas llegan a ella.

2. Muchas veces no se hace bien.

3. Lleva tiempo.

4. No siempre resulta sencillo llevarla a cabo a voluntad.

5. Tiene cierto tufillo a espiritualidad y todas esas cosas.

Repito, ¿por qué no debería sustituir la experiencia del Ojo Único (me refiero a la SENSACIÓN real que nos aporta) por la experiencia de levantar las cejas, con sus inmensas ventajas? La única razón que se me ocurre es el orgullo.

Por supuesto, podemos resaltar el hecho de que el significado al que llegaron Cooney y compañía es la producción de espectáculos del West End. Es cierto, pero no sabemos qué otras consecuencias puede haber tenido esa práctica en su vida no profesional. Por lo que sé, la técnica de levantar las cejas bien podría estar dando lugar a cosas maravillosas en la vida privada de Cooney y compañía, al mismo nivel que el significado que para mí y mis amigos tiene la experiencia del Ojo Único, que no es otro que salvar a todos del dolor y la culpa.

Por supuesto que no estoy proponiendo que dejemos de compartir y de cultivar el Ojo Único. Lo que sugiero para mí (y espero que también para algunos amigos) es reemplazar la práctica del Ojo Único por la práctica, momento a momento, de levantar las cejas.

6

Fíjate en lo que ves

HABLANDO DE *Seize the Day, 366 Tips for Living*, yo también tengo un consejo que ofrecer para vivir mejor (en concreto, para el 12 de febrero). Es este: FÍJATE EN LO QUE VES.

Cuando nos atrevemos a dudar de lo que nos han dicho y echamos un vistazo con ojos nuevos a lo que está sucediendo le estamos abriendo la puerta a muchas sorpresas agradables, fascinantes y útiles. Solo con poner atención en lo que vemos empieza a desplegarse una forma de vivir nueva y más satisfactoria.

Por ejemplo, si el largo y tedioso desplazamiento que has de realizar diariamente para ir y volver del trabajo te resulta agotador, tan solo has de fijarte en que es el paisaje el que va corriendo de aquí para allá mientras tú descansas plácidamente en el Lugar en que te encuentras. Si notas que se te cansan los ojos y que aparecen tensiones en la región ocular, simplemente observa que Aquello desde lo que estás mirando es un único Ojo enorme y relajado, y no un par de pequeñas mirillas atornilladas a una caja. Si te sientes incómodo con algunas personas, si sientes timidez, retraimiento o eres demasiado consciente de ti mismo, limítate a percatarte de que no estás mirando desde una cara, sino desde un Espacio inmenso y perfectamente tranquilo que está ahí para acoger y contemplar esos otros rostros. Si te dan miedo las arañas, si temes la posibilidad de tener cáncer o la muerte, fíjate en que el Espacio Despierto que realmente eres en el centro está completamente a salvo en cualquier situación de emergencia. Y esto no es más que una pequeña muestra de las agradables sorpresas que están ahí, aguardando a que nos fijemos en ellas.

7

Ciertamente, él cargó
con nuestro dolor

U NO DE LOS PASAJES MÁS conmovedores del Antiguo Testamento es el relato del profeta Isaías del «siervo sufriente» que en la Nueva Versión Internacional[1] de la Biblia se desarrolla de la siguiente manera:

¿Quién ha creído nuestro mensaje y a quién se le ha revelado el poder del Señor?

Creció en su presencia como vástago tierno, como raíz de tierra seca. No había en él belleza ni majestad alguna; su aspecto no era atractivo y nada en su apariencia lo hacía deseable.

Despreciado y rechazado por los hombres, varón de dolores y penalidades, hecho para el sufrimiento, todos evitaban mirarle, le despreciaban y le rechazaban.

Ciertamente, él cargó con nuestras aflicciones y soportó nuestros dolores, pero nosotros lo consideramos herido, golpeado por Dios, y humillado.

Fue traspasado por nuestras rebeliones y molido por nuestras iniquidades; sobre él recayó el castigo, precio de nuestra paz, y gracias a sus heridas fuimos sanados.

---

[1] En el original el autor hace referencia a la versión inglesa del rey James. En la traducción hemos adoptado la Nueva Versión Internacional, si bien con ligeras variaciones. *(N. del T.)*

Todos andábamos perdidos como ovejas, cada uno seguía su propio camino, pero el SEÑOR hizo recaer sobre él la iniquidad de todos nosotros.

Hasta aquí, es difícil no interpretar la historia del siervo sufriente como un relato de infortunio e injusticia sin alivio posible, impartidos por una Deidad bárbara, cruel, salvaje hambrienta de sacrificios humanos. Pero el epílogo, mucho más alegre, sugiere que tal vez deberíamos verlo de otro modo.

Y como él ofreció su vida para la expiación de nuestros pecados, verá sus frutos, prolongará sus días y llevará a cabo la voluntad del Señor.

Después de su sufrimiento verá la luz y quedará satisfecho.

Parece que Jesús de Nazaret estaba familiarizado con este importante texto del Antiguo Testamento y moldeó deliberadamente su vida y su muerte en base a él. Ciertamente, a lo largo de los siglos los cristianos han creído que este relato predecía la historia de su amado redentor, quien sufrió y murió por todos ellos. Han seguido el ejemplo de Mateo, quien dejó por escrito uno de los evangelios y anunció que Jesús sufrió «para que se cumpliera lo que fue dicho por el profeta Isaías, quien proclamó: "Él mismo se arrogó nuestras debilidades y desveló nuestras dolencias"». Y no hay duda de que san Pablo, el arquitecto de la cristiandad, adoptó deliberadamente el papel de redentor cuando declaró: «Yo estoy crucificado con Cristo, y sin embargo vivo. Mas no soy yo quien vive, sino Cristo quien vive en mí».

No te pido que creas que este extraño relato de delegación del sufrimiento es una historia real, ni tampoco que la apruebes, sino tan solo que me acompañes brevemente y exploremos juntos la razón por la que esta tradición ha perdurado durante tanto tiempo. En otras palabras, que descubramos juntos qué verdad (si es que hay alguna) subyace en ella. Si eres cristiano creyente, te pido que prestes atención a la advertencia de un gran cristiano, san Bernardo de Clairvaux: «Mientras sigamos caminando en las creencias y no en la observación seguiremos sumidos en la oscuridad». A lo largo de esta indagación me gustaría que todos nos tomásemos muy en serio esa advertencia y, para variar, probásemos a medir lo que nos dicen los demás con el rasero de nuestra propia observación, en lugar de al revés.

Quiero centrarme en el problema del dolor, y en particular en el problema del cuerpo que sufre dolor: qué y de quién es, y en qué aspectos se diferencia de un cuerpo que no padece dicho dolor. Y puesto que, literalmente, no me encuentro en posición de hablar por ti, hablaré únicamente por mí y dejaré que seas tú mismo quien compruebe si lo que es verdad para mí donde estoy es cierto también para ti donde estás. En todo caso, estaré encantado si coincidimos y podemos estar de acuerdo en este asunto de vida o muerte.

Observo en mí *dos* cuerpos, y no podría pasar sin ninguno de ellos. Aunque están íntimamente conectados y ambos son humanos, por lo general se hallan separados a más o menos un metro de distancia. Además, en muchos aspectos son sumamente distintos. Aquí tenemos un boceto que representa cómo los veo desde aquí:

Llamemos a estos cuerpos n.º 1 y n.º 2. Entre sus diferencias más llamativas, observo las siguientes:

- El n.º 1 pertenece a aquí, a esto, a este lado del espejo (el extremo más cercano), mientras que el n.º 2 pertenece a allí, a eso, al lado opuesto del espejo; como solemos expresarlo normalmente, *aparece* en el espejo.

- El n.º 1 tiene (¿o debería decir que *es?*) un solo Ojo sin límites, mientras que el n.º 2 presenta dos pequeños ojos en una cabeza.

- Los brazos extendidos del n.º 1 abarcan con facilidad la mayor parte del mundo que se ofrece, mientras que los del n.º 2 tan solo comprenden una fracción muy reducida de dicho mundo.

- La sensación que me produce el n.º 1 es desigual, irregular, con un leve cosquilleo y bastante cálida, mientras que la que me produce el cuerpo n.º 2 es regular, pulida, tersa, en absoluto cosquilleante y bastante fría.

- El n.º 1 es mucho más grande que el n.º 2 y siempre conserva más o menos el mismo tamaño, mientras que el n.º 2 es elástico. A veces se vuelve verdaderamente diminuto.

- El n.º 1 es anónimo, un «¿cómo-se-llama?» que carece de identidad humana particular, mientras que el n.º 2 porta consigo todas las marcas distintivas de Douglas Harding para exclusión de cualquier otra persona.

- El n.º 1 puede mirar a donde quiera, puede apuntar en cualquier dirección y ver a los demás a su antojo, mientras que el n.º 2 tiene la curiosa costumbre de mirar siempre fijamente al n.º 1. Es como si la buena educación y las normas de cortesía le obligasen a reconocer la majestuosidad del cuerpo n.º 1 y, por consiguiente, a no darle nunca la espalda.

Aunque en realidad existen innumerables diferencias (todas ellas obedientemente alineadas para que las observemos) entre mis dos cuerpos, con esta breve lista nos bastará por ahora. Pero ni siquiera la más sorprendente de estas diferencias debería menguar la necesidad y la importancia de *ambos* ni la profunda interdependencia que se da entre ellos. Gracias a esas diferencias encajan perfectamente. Así, el cuerpo n.º 1 no tiene más que mover un dedo para que el n.º 2 siga su ejemplo inmediatamente; hacen falta los dos para revelar si tenemos una mancha de huevo pegada en la barba; el propósito principal del n.º 2 es proporcionar al n.º 1 la demostración más asequible, práctica y vívida de lo que no es. Lo cierto es que el cuerpo n.º 1 tiene tanta necesidad de la «Douglasicidad» del n.º 2 como de liberarse de dicha condición.

Todo lo cual hace que me plantee tres preguntas cruciales sobre estos dos cuerpos míos, cuestiones que, por supuesto, han de ser planteadas y respondidas mediante la observación.

(i) ¿Dónde estoy (soy)?

Necesitar y tener dos cuerpos no significa que habite en ambos de la misma manera, al mismo tiempo o para los mismos propósitos. ¡De ningún modo! Si bien es cierto que compartimos la misma dirección postal y el mismo número de teléfono, a veces me ubico y me siento como en casa en el cuerpo n.º 1, mientras que otras me ubico y me siento como en casa en el n.º 2. De hecho, voy pasando de uno a otro un día sí y otro no, o cada hora, o todo el bendito tiempo.

No obstante, este incesante ir y venir no significa que me sienta igual de cómodo o esté igual de despierto en cualquiera de los dos, como si uno fuese mi resplandeciente piso de ciudad y el otro mi encantadora casita de campo. ¡Ni por asomo! Cuando habito en el n.º 1 estoy muy seguro de que aquí es donde pertenezco, de que esta es mi Tierra Natal, de que aquí ES DONDE SOY LO QUE SOY, y en cualquier otro lugar parece que pretendo ser lo que no soy. No es de extrañar que cuando me escondo en el n.º 2 el yo que ahí encuentro tenga la vaga e incómoda sensación de que se trata de una persona desplazada.

(ii) ¿Cuándo estoy (soy)?

AQUÍ es ahora y AHÍ es entonces. Habitar el cuerpo n.º 2 equivale a seguir rumiando y dándole vueltas al pasado y al futuro (con poco o ningún efecto) en un vano intento de ser en un momento en el que no soy. Por el contrario, morar en el cuerpo n.º 1 equivale a estar al día conmigo mismo y ponerme manos a la obra con el propósito inmediato del propio vivir. Aquí y ahora es donde —y cuando— literalmente «recupero el sentido» (o, mejor dicho, los sentidos) y experimento el sabor, el hormigueo y la emoción de la vida. Por lo que parece, el n.º 1 es mi cuerpo real y siempre presente, mientras que n.º 2 es mi cuerpo no tan real y siempre ausente. Expresémoslo de este modo: El n.º 2 fue y será, pero nunca es, mientras que el n.º 1 nunca fue ni nunca será pero siempre es, y así, entre ambos, parece que el tiempo queda pulcramente redondeado. Si de algo estoy seguro es de que una vida vivida conscientemente en el momento presente es una vida transformada, una vida revitalizada.

(iii) ¿Qué soy?

¿Qué es este misterioso «como-se-llame»? ¿Qué soy donde y cuando real y verdaderamente soy, en el cuerpo n.º 1? De entre todas las posibles respuestas a estas cuestiones, las más perentorias y acuciantes de cuantas existen, hay una que destaca. Y es que soy UNO EN MI GÉNERO, ÚNICO, EXCLUSIVO. Podríamos decir que soy una especie tan sumamente amenazada que se reduce a un solo espécimen (siempre que añadamos que ¡resulta que también soy la única especie que no está en peligro!). Ni una sola vez en los noventa y tres años de mi vida humana he vislumbrado siquiera otro cuerpo n.º 1, y tengo sobradas razones para suponer que jamás podré encontrarlo en ningún sitio. Si me volviese a bautizar y me pusiese como nombre *esta primera persona*, esta primera persona sería siempre la primera persona *del singular*.

Deja que te recuerde (a ti y a mí mismo) que me estoy tomando muy en serio el consejo de san Bernardo y me baso en lo que observo en lugar de en lo que me han contado los demás. Me la estoy jugando hasta las cejas apostando por lo que veo que veo, en lugar de por lo que creo, pienso o imagino que veo.

Los resultados son, cuando menos, tan sorprendentes como dolorosos. El cuerpo n.º 1 (visiblemente solo, uno de uno) sufre dolor, mientras que el cuerpo n.º 2 (visiblemente uno de muchos) no lo sufre. ¡Esto solo puede significar que ACOJO EN MÍ EL DOLOR DEL MUNDO! Y la historia del viejo siervo sufriente judío resulta ser la más verdadera, la más actual y más apasionante (así como la más espantosa y sobrecogedora) de las historias. Es doloroso estar encarnado a este lado del espejo.

No conozco ningún otro remedio para la infelicidad que esta curación tan drástica y verdaderamente homeopática, esto es: más, mucho, muchísimo más de lo mismo. No evitando o eludiendo la angustia y el dolor (¡quien pudiera!), sino yendo hacia abajo, dirigiéndonos directamente a él, atravesándolo por completo. Esa es la manera. Lánzate a por la felicidad del mundo y serás feliz; lucha por tu propia felicidad y te hundirás en la más profunda desdicha.

¡Pero espera un momento! Aquí surgen dos poderosas objeciones. En primer lugar, mi dolor es inconmensurablemente más reducido (¡demos gracias al cielo!) que el dolor del mundo, por lo que pretender que lo estoy asumiendo en su totalidad vendría a ser poco más que una locura de verano, un delirio, un arrebato descabellado. Y en segundo lugar, lo mismo se puede decir de mi alegría, la cual, cuando menos, es tan imperfecta como intermitente. La razón de este doble déficit podría ser una o más de las siguientes:

(i) Hasta cierto punto, estoy *reprimiendo* el dolor, y ya es hora de que deje de hacerlo. Lo mismo es cierto para el placer.

(ii) Aún estamos en las primeras etapas. El dolor ha de ser estudiado, tratado, trabajado, masticado y vivido, y eso lleva tiempo. Pero, ¡espera! «El llanto puede durar toda la noche, pero a la mañana vendrá el grito de alegría».

(iii) He de reconocer que Dios, en su infinita misericordia, reduce tanto el dolor como su opuesto a proporciones manejables, a niveles que una persona puede soportar. El sufrimiento de mil personas no es mil veces más intenso que el sufrimiento de una sola de ellas. Ni el dolor ni el placer se acumulan de ese modo, la aritmética habitual no es de aplicación aquí. Aunque ni tan siquiera Él puede crear alegría sin dolor (como tampoco puede crear la izquierda sin la derecha o el arriba sin el abajo), puede limitar el sufrimiento delegado sin limitar su poder sanador (y, de hecho, así lo hace).

Llegados a este punto debo confesar que, a pesar de todas las evidencias acumuladas que indican que el Uno que realmente soy carga sobre sí mismo el dolor del mundo, hay momentos en que lo olvido. Con toda certeza —me digo a mí mismo— el sufrimiento forma parte de nuestra mismísima constitución, es universal y terriblemente cruel, y toda criatura está condenada a tragarse su propia ración del mismo.

Bueno, ese es indudablemente el caso en un cierto nivel, pero existen otros niveles. Lo real es relativo, una maravillosa magia que opera a muchos niveles distintos. Por ejemplo, en un determinado nivel soy Nada, en otro soy una República Celular Unida (mucho más populosa que Estados Unidos), en otro soy un hombre, en otro un cosmos. Todo depende de la distancia a la que se encuentre mi observador. Cuando te aproximas a mí con tus aportaciones (una contribución, una opinión, una objeción) no me pregunto *si* son válidas, sino *a qué nivel* lo son. He llegado a tener el convencimiento de que existe un Lugar y un Nivel en el que toda criatura se libera del sufrimiento. Más adelante expondré la razón principal que tengo para estar tan convencido de ello.

Mientras tanto, una objeción más insiste en salir a relucir. Digámoslo de esta manera: Esta primitiva obsesión con el sacrificio humano (no lo suficientemente considerada, ennoblecida y santificada al referirnos a ella como «delegación del sufrimiento») ha sido la especialidad de las religiones occidentales, y en particular de la tradición judeocristiana, mientras que, en comparación, las más destacadas religiones orientales están en gran medida libres de ella. ¿Acaso nos podemos permitir ignorar el punto de vista de estas últimas a este respecto?

A eso, respondo que todas las religiones principales, tanto las orientales como las occidentales, tienen su propia y particular forma de explicar y poner en práctica eso que denominamos «delegación del sufrimiento». Tomemos, por ejemplo, el budismo, que enseña que la sabiduría o la iluminación sin compasión es imprudente, contraproducente (más bien un «oscurecimiento» en toda regla) y no funciona en absoluto. El término *compasión* (que proviene del latín) significa 'sufrir con o junto a', por lo que el budista aplicado sufre de forma deliberada con *todos* los seres. No contento con imbuirse de estos sentimientos subjetivos de compasión y amor universales, se dedica a enviarlos a todas partes, en una dirección tras otra (por así decirlo, es como una especie de superradar) hasta haberse ocupado del dolor de todas y cada una de las criaturas que pueblan el cosmos.

No habrían pasado más de diez minutos desde que escribí el párrafo anterior cuando reparé en que, en las estanterías de la casa de Virginia, mi anfitriona de Los Ángeles, había un libro titulado *Only don't know*[2] [«Limítate a no saber»], del maestro zen coreano Seung Sahn. ¡Puedes imaginarte la emoción que sentí cuando, al hojear sus páginas, descubrí que la obra consistía en la correspondencia que el maestro había mantenido

---

[2] *Only Don't Know*, cartas y enseñanzas seleccionadas del maestro zen Seung Sahn, ed. Shambhala, Boston y Londres.

con sus discípulos y estudiantes y que cada carta con indicaciones y consejos espirituales terminaba con la ferviente esperanza del maestro de que el destinatario siguiese adelante en su empeño de que TODOS LOS SERES ESTÉN LIBRES DE SUFRIMIENTO! Aquí, Seung Sahn coincide con el *Sutra del Diamante* del budismo *mahayana*, en el cual leemos: «Todos los *bodhisattvas* deben adiestrarse para albergar el siguiente pensamiento: "Que todos los seres vivos alcancen la Liberación ilimitada, el *Nirvana*"». De hecho, todos los *bodhisattvas* prometen solemnemente salvar a todos los seres sintientes.

D. T. Suzuki, quien trajo el zen a Occidente, escribe: «No cabe duda de que es el corazón el que nos dice que nuestro propio yo es un yo solo en la medida en que desaparece en todos los demás yoes, tanto los sintientes como los no sintientes». Lo que nos lleva de vuelta a la iluminación del propio Buda. Según la tradición *theravada*, su iluminación supuso también la iluminación de todos los seres sintientes pasados, presentes y futuros. Aunque puede parecer un mero relato fantástico, con el tiempo he llegado a considerarlo como una historia real y a identificarlo como el patrón o la marca característica de la verdadera iluminación. Se podría decir que es una realización budista, aunque no es exclusiva de esta tradición.

En el hinduismo y el *advaita-vedanta* es mucho menos evidente. No obstante, Vivekananda sostiene que cada uno de nosotros somos responsables de todos los males que aquejan al mundo. En cuanto al cristianismo, esta transformación total de la salvación individual en salvación universal parece ser más recurrente y familiar en la Iglesia ortodoxa oriental que en el catolicismo occidental. Así, en palabras de Nicolai Berdayev: «Todos deben ser salvados y liberados del infierno. Esta es la exigencia última y definitiva de la ética. Enfoca todo el poder de tu espíritu en liberar a todos del infierno». Por su parte, el sacerdote Juan de Cronstadt nos dice:

Cuando reces, esfuérzate por orar más por los demás que por ti mismo, y durante la oración imagínate vívidamente que todos los hombres forman un solo cuerpo contigo mismo. [...] Considera sus debilidades y sus aflicciones como propias, su ignorancia espiritual, sus pecados y sus pasiones como si fuesen tuyas.

En todo caso, aquí en Occidente también encontramos algunos ecos de esta radical y revolucionaria enseñanza. Esto es lo que Flannery O'Connor, un novelista estadounidense, dice refiriéndose a uno de sus personajes: «Comprendió que ningún pecado era demasiado monstruoso como para reclamarlo como propio». Y también tenemos el ejemplo de Richard Jefferies, quien escribe: «De cada ser humano cuyo cuerpo ha sido atormentado por el dolor, de cada ser humano que ha sufrido un accidente o una enfermedad, de cada ser humano ahogado, quemado o asesinado por ignorancia, emana un lamento que se eleva y se va haciendo más y más grande, hasta volverse más atronador que el mismísimo trueno. [...] Tú eres el causante de todos estos infortunios».

Antoine de Saint Exupéry especifica que: «En las manos de cada uno de nosotros descansa la salvación de todos».

En todo caso, ahora me gustaría citar, con especial alegría y admiración, al poeta escocés Edwin Muir, pues considero que él anuncia y celebra como nadie la doctrina de que la iluminación del Buda implicó la iluminación y la salvación no solo de las almas presentes y futuras, sino también de todas las almas pasadas, así como la resolución de la terrible historia del mundo.

Entonces vendrá,
Cristo, el no crucificado,
Cristo el descrucificado.

Su muerte será revertida,
su agonía resuelta,
su cruz desmantelada

Estará contento de que así sea
y la madera atormentada curará sus heridas
y se volverá árbol en una verdeada esquina
del recién nacido Edén.

Y el maldito Judas emprenderá
su largo camino de regreso
de la oscuridad a la luz,
como un niño, postrado de nuevo
a las rodillas de su madre.

La traición será reparada
y nunca más volverá a producirse.

Estas líneas pertenecen al poema de Muir «La transfigura-ción». Expresan a la perfección lo que sucede cuando el tiempo y la salvación del Mundo se fusionan. Me explico. Básicamente, el problema es el tiempo. Y sí, soy consciente de que a menudo he dicho —y a buen seguro seguiré diciendo— que el camino correcto es *seguir hacia abajo, penetrar en las cosas del tiempo, y no orientarnos hacia arriba alejándonos de ellas*. Sí, pero resulta que dirigirse hacia abajo, hacia las cosas que habitan en el tiempo, equivale a hundirse en el Centro atemporal de todos los seres sintientes. Aquí, en el Centro, nos deshacemos del tiempo, estamos totalmente libres del tiempo y todas sus obras.

«¡Regocijaos en Dios todo el tiempo!», nos exhorta san Pablo. Por su parte, Eckhart nos advierte de que: «Aquel que se regocija más allá del tiempo y está libre del tiempo disfrutará de una alegría y una dicha constante». Pero, por desgracia, la gran mayoría de los cristianos sufren de una patológica obsesión idólatra por los acontecimientos y las cosas que ocurren en el tiempo.

En este punto debo recordarte y recordarme a mí mismo que ni la atemporalidad (la eternidad) ni la salvación resultan baratas. Si quiero desprenderme del tiempo, he de asumir deliberadamente todo el sufrimiento del pasado.

En general, podemos afirmar con seguridad que toda espiritualidad real cuenta con su propia versión del sufrimiento delegado y del siervo sufriente de Isaías. Pero el problema de aceptar y asumir la responsabilidad de toda esta desdicha es que acabo completamente aplastado, hundido muy por debajo del suelo en el que sopla el viento de Dios y donde resplandece el claro aire de la dicha divina.

Dom John Chapman (1865-1933), quien fuera el cuarto abad de Downside y un guía espiritual muy dotado y respetado, confirma la propia desdicha del individuo. Aquí tenemos una muestra típica de los consejos que habitualmente ofrecía en sus cartas: «Repítete a ti mismo: "No tengo nada, no sirvo para nada, no soy más que un coágulo de infamia y abyección". Esto te causará cierta ansiedad y preocupación, pero es la única forma de llegar a estar en paz con Dios». En la última parte de su vida estuvo muy influenciado por el jesuita Jean Pierre de Caussade (1675-1751), quien ofició como guía espiritual de varias monjas muy devotas e instruidas. Una tras otra, estas piadosas mujeres le escribían para contarle sus trágicas historias, en el sentido de que cuando habían tomado los hábitos se sentían colmadas de amor, alegría y confianza en Dios, pero ahora, tras unos pocos años de vida religiosa, habían perdido toda esa pasión. Eran desesperadamente desdichadas, y algunas incluso albergaban serias dudas sobre Dios y la fe cristiana. Es cierto que, a pesar de sus zozobras y debido a la costumbre, continuaron viviendo como religiosas esforzadas y disciplinadas. Por su parte, de Caussade se sentía feliz por ellas y francamente encantado con lo que le contaban estas devotas, pues bajo su punto de vista por fin habían alcanzado la verdadera vida espiritual. Ahora estaban ahí por algo auténtico, por lo real, y no por los sentimientos agradables que sentían al principio.

Sí, pero de Caussade también tenía una faceta muy distinta. Escribió una colección de enseñanzas titulada *El sacramento del momento presente* en las que afirma lo siguiente:

Dios os está diciendo, queridas hermanas, que si abandonáis toda restricción, todo control y refrenamiento, si lleváis vuestros deseos hasta el límite, si abrís vuestro corazón sin medida, no habrá ni un solo momento en el que no se os muestre todo lo que humanamente podáis desear. El momento presente guarda infinitas riquezas que superan todo lo imaginable.

La dicha divina está más cerca de mí que mi desdicha humana, y es imposible exagerar el esplendor de mi corazón o del tuyo. De hecho, haríamos bien en prestar atención a la advertencia que nos hace san Francisco de Sales cuando afirma que al maligno le encanta la tristeza y la melancolía. Como escribe el rabino Hassid: «Es bueno que el hombre logre que Dios cante de alegría en su interior». Otro rabino señala que «todo gozo proviene del paraíso». «Oh, Él nos brinda su alegría para aniquilar nuestras penurias», dice William Blake, y Lady Juliana de Norwich, junto con otros personajes de similar estatura espiritual, nos dice que toda nuestra bondad, amor y alegría en realidad le pertenecen al Dios que mora en nosotros y que, en consecuencia, en última instancia todo está perfectamente bien.

No sé tú, pero a mí este mensaje tan sumamente reconfortante que me llega desde estamentos tan diversos, tan dispersos y admirables, me resulta muy alentador, aunque, por supuesto, ponerlo en práctica en la vida diaria no es tan sencillo. Debo admitir que mientras que las desdichas del hombre llegan a mí con suma facilidad, no me parece que la alegría de Dios esté tan disponible. De hecho, a menudo es condenadamente difícil, cuando no imposible, de encontrar. Si bien estoy plenamente convencido de la realidad de estos planteamientos, mis sentimientos se muestran renuentes a la hora de concordar con dicho convencimiento.

Entonces, ¿qué puedo hacer? Solo esto. Puedo decirle, debo decirle y le digo a ese Dios que es mucho más yo que yo mismo: «Eres Tú, con toda tu divina dicha y esplendor, quien ha de ser Dios en mí, pues se trata de una tarea que queda completamente fuera de mi comprensión y mis capacidades humanas. Amado Señor, pongo el asunto en tus manos. Tú *eres* mi alegría infinita. Así pues, entrégamela como y cuando consideres oportuno. Ese tiempo y esa forma habrán de ser los más oportunos tanto para mí "personalmente" como para el mundo del que me has hecho entrega para su salvación».

Y entonces, he de añadir, desciende sobre mí la paz que supera todo entendimiento. Esta es su paz, que en última instancia es inseparable de (y nada menos que) su alegría.

Shankara, uno de los más grandes (si no el más grande) sabios y filósofos hindúes, escribe en sus *Comentarios sobre el Brihadaranyaka Upanishad*[3]:

> Este «ser-el-Ser-de-todo» es el estado de conciencia más elevado del Ser, su estado natural supremo. Pero cuando, antes de esto, uno se siente diferente del Ser de todas las cosas, aunque no sea más que por un suspiro, ese estado es ignorancia, *avidya*, ilusión.

---

[3] *Commentaries on the Brihadaranyaka Upanishad*, editado por A. J. Alston, Shanti Sadan, 1987, p. 68.

8

La señorita Smith va al infierno

L A SEÑORITA SMITH PROTESTA: «No sé cuánto tiempo llevo en este horrible lugar, pero me da la impresión de que han sido siglos. Me pregunto si Dios, allá en el cielo, puede escuchar nuestros gritos, los lamentos de las miserables criaturas que nos encontramos en el infierno».

Dios: Sí, y con toda claridad.

Señorita Smith: ¿De verdad sois Vos?

D: Sí.

S: ¡Por todos los santos! ¡Esto es increíble!... ¿Sabéis lo horrible que son las cosas aquí abajo?

D: Bueno, me gustaría que fuese usted misma quien me lo contase. Por favor, dígame exactamente cuál es el problema.

S: Todo es un problema, pero «problema» es un término demasiado suave para esto.

D: La escucho.

S: No sé ni por dónde empezar.

D: ¿Qué tal si empieza por lo peor?

S: Creo que lo peor es lo que podría llamar mi degeneración espiritual, el colapso y la desaparición (o lo que es más horrible, la reversión) de todo el progreso espiritual que creía haber logrado. Veinte años atrás hice todo lo que se supone que hay que hacer para dedicaros mi vida. Mi objetivo era alcanzar la unión consciente con mi Fuente, y por unos meses, digamos que más o menos durante un año, en ocasiones sentía que estaba alcanzando este elevado objetivo. De hecho, experimentaba tanta satisfacción jubilosa (¿o debería decir más bien «autosatisfacción jubilosa»?) que me resultaba imposible no in-

tentar compartirla con todo aquel que se mostrase mínima-
mente interesado.

D: Pero, en ese caso, ¿qué ocurrió?

S: Me sonroja decir que acabé convirtiéndome en una especie
de maestra, una autoridad espiritual, si bien bastante insignificante, y no tardé en empezar a tener seguidores. Pero entonces...

D: ¿Entonces qué pasó?

S: ¡Pues que descubrí que era un fraude!

D: ¿No cree que está exagerando?

S: No en mi caso. Todo ese progreso espiritual, Señor mío,
resultó ser ilusorio cuando comprobé lo rápidamente que pasó
a producirme infelicidad en lugar de alegría. Me preguntaba a
mí misma si no estaría conduciendo a mis discípulos a este
mismo cenagal de desdicha y angustia. ¿Acaso podría haberles
ocasionado un perjuicio más cruel? La cosa empeoraba cada día
y, en todos los sentidos, causaba más daño a los demás.

D: ¿De verdad era usted tan horrible como cuenta?

S: Peor.

D: ¿Y qué me dice sobre el hecho de ser capaz de ver con claridad su Nada central, su Naturaleza Vacía? ¿Eso también la ha
abandonado? ¿Se ha vuelto ciega a aquello que antes solía decir
que era lo más claro, lo más diáfano, lo más simple y mucho
más obvio que cualquier otra cosa?

S: No, mi Señor, pero en lugar de producirme paz y alegría
ahora tan solo desencadena sus opuestos, y eso solo puede
significar que hay algo radicalmente mal, errado o equivocado
en mi visión. Algo que jamás llegaré a entender.

D: ¿Está segura de que algo puede ir mal en esa visión tan especial?

S: Bastante segura, Señor mío.

D: Pero ¿cómo puede esta No-cosa, este No-algo ir mal si no
hay nada en él que pueda ir mal?

S: Bueno, según dicen, ¡con Dios todo es posible!

D: Sí, claro, ya veremos. No le extrañe si tiene que cambiar de opinión. Mientras tanto, dígame por favor qué otras cosas le preocupan.

S: Ya es bastante malo ser un alma perdida y un caso sin esperanza, pero serlo en un mundo igualmente desamparado ya es demasiado, si se me permite decirlo. Antes, hace mucho, solía disfrutar de algunas etapas de leve optimismo en las que sentía que, gracias a Vos, toda esta historia aterradora al final terminaría bien y cobraría sentido. En cambio, ahora me encuentro en un estado espantoso, y el mundo concuerda con tanta exactitud con dicho estado que no me queda escapatoria posible, ningún rayo de esperanza.

D: ¿Ya me ha contado todo lo que le preocupa? ¿Hay algo más que le perturbe?

S: ¡Como si con todo eso no fuese suficiente!

D: ¡Vamos, señorita Smith! Me gustaría que descargase todo su sufrimiento en mí. Cuénteme el resto. ¿Diría que está padeciendo una angustia atroz?

S: Bueno, en este momento no lo expresaría de ese modo. Es más como una sensación de ansiedad, de disgusto y desesperación imposible de aliviar. Estoy aquí, atrapada en el infierno, y ciertamente merezco quedarme aquí encerrada por toda la eternidad. A veces creo que lo peor de todo es que, con toda la razón, Vos estáis completamente harto de mí, que me habéis dejado por imposible y no merezco nada más que vuestro abandono y vuestro desprecio. Esta ciénaga que es mi mente debe consternaos tanto como a mí, pues hoy por hoy parece absolutamente incapaz de generar ni una sola idea alegre, generosa y verdadera, y en lugar de eso está llena hasta los topes de océanos de basura (en su mayoría, basura apestosa, por cierto). En lugar de mejorar, cada día me vuelvo un poco más repugnante, como bien sabéis.

D: Entonces, no tiene nada bueno que decir de sí misma.

S: Ni una sola palabra, mi Señor. Además, lo confieso, tampoco tengo apenas nada bueno que decir de Vos. Incluso la palabra *Dios* se ha convertido en un término que prácticamente no significa nada para mí. Si alguna vez ha existido alguien que fuese un completo desastre a nivel espiritual, esa soy yo.

D: Bueno, le agradezco mucho que se haya desahogado con tanta franqueza. Deduzco de sus palabras que no le queda nada de confianza en sí misma, en sus propias capacidades, méritos y recursos.

S: Sabéis muy bien, mi Señor, que me he quedado vacía, que, por así decirlo, me han sacado todo el relleno, que no queda en mí nada más que un pellejo de fracaso, desgracia y repugnancia.

D: Muy bien, señorita Smith, ¿eso es todo?

S: No. Lo más horrible de estos horrores es que no tienen fin. El infierno es para siempre.

D: ¡Aguarde un momento! ¡Prepárese para recibir la sorpresa de su vida! Tengo buenas noticias para usted, señorita Smith, ¡noticias maravillosas!

S: Bueno, soy todo oídos.

D: Aunque en cierto sentido estoy de acuerdo en que me ha dicho la verdad y lo lamentaría mucho si cambiase de opinión respecto de sí misma y volviese al engreimiento espiritual de sus primeras etapas, en un sentido más profundo lo está entendiendo todo al revés. He de decirle que lo que usted ve como degeneración espiritual es en realidad madurez espiritual. Se ha derramado sobre su persona una bendición muy rara y especial, señorita Smith. Digámoslo de este otro modo: El precio que ha de pagar por la Unión conmigo es la desunión consigo misma, y la horrible historia que me acaba de contar es, de hecho, la mejor de todas. Querer absolutamente todo de Mí equivale a no querer absolutamente nada de sí misma. Así me tendrá a manos llenas. No hay ninguna otra manera de acceder a nuestra dicha conjunta. Su triste y amarga crónica es para mí una gran alegría; una alegría que anhelo compartir por completo con usted. Le aseguro que su experiencia ahí abajo, en el infierno, es a la vez mi precioso e indispensable regalo para usted y el suyo para mí. Así pues, le doy las gracias de todo corazón.

S: ¡Esto es increíble! No contento con desterrarme para siempre a esta cámara de los horrores, ahora tengo que ver cómo os asomáis a la puerta y os burláis de mí.

D: En modo alguno me estoy burlando de usted. Le estoy diciendo que la necesito tanto como usted me necesita a mí. Y no hay otra manera salvo esta de satisfacernos a los dos. Su ilusión inicial de progreso espiritual, aunque excusable, resultaba muy peligrosa, y admito que hice cuanto estuvo en mi mano para despacharla cuanto antes.

S: ¡Me habéis enviado al infierno!

D: Bueno, yo no lo diría así.

S: Y ahora me vais a sacar de aquí...

D: Nuevamente, no lo expresaría de ese modo.

S: Pues si eso no es burlarse de alguien, ya me diréis qué puede serlo.

D: Si este es el único lugar donde usted y yo somos Uno —y en un sentido muy real y verdadero lo es—, ¿está segura de que todavía quiere escapar de él?

S: Por supuesto que no, Señor, siempre y cuando pueda estar absolutamente segura de nuestra Unidad. Pero ¿de verdad creéis que aquí abajo alguien puede estar perfectamente seguro de algo así?

D: Aquí es donde usted renuncia y se entrega a sí misma y yo renuncio y me entrego a mí mismo, y como resultado estamos perfectamente unidos. Esto es el verdadero Amor.

S: Pero estáis describiendo el cielo, no el infierno.

D: No son más que palabras. Volvamos a retomar la cuestión de *desde dónde* está mirando exactamente en este momento. ¿Cómo lo describiría, señorita Smith?

S: Como una Claridad despierta y sin límites, como un Vacío o una Nada que está ahí para llenarse con Todo, como el Espacio en el que el mundo puede tener lugar, como la Capacidad misma, como...

D: Le juro por lo más sagrado que con esas palabras también me está describiendo a mí, y eso solo puede significar que estamos buscando exactamente la misma Claridad. Lo cual, a su vez, solo puede querer decir que usted y yo somos Uno. Ahora dígame, señorita Smith, ¿todavía quiere salir de aquí a la primera de cambio?

S: En lugar de eso, tal vez debería rebautizar este lugar y referirme a él con un nombre distinto. Si estoy firme y eternamente unida a Vos, mi Señor, no debería ser complicado hacer que dicho nombre resaltase aquí o en cualquier otro lugar, pero sé que sin vuestra ayuda constante fracasaré miserablemente en el intento.

D: Puede contar con ella, se lo prometo.

S: Una cosa más. Perdonadme por preguntar, Señor mío, pero ¿por qué Vos, que sois omnipotente, habéis considerado oportuno enmendar nuestra unión enviándome, junto con tantísimos otros, al infierno? ¿No habría sido posible arreglarlo de algún otro modo más amable?

D: Si se pudiese lo habría hecho, pero le aseguro que, dado que en última instancia usted y Yo somos Uno y lo mismo por los siglos de los siglos, siempre he estado sintiendo por y como usted misma. Ambos hemos de pagar un elevado precio por nuestra unión. Pero llegados a este punto me gustaría verificar exactamente dónde nos encontramos planteándole algunas preguntas más.

S: ¡Adelante!

D: La primera es la siguiente: ¿Me creería si le digo que he establecido mi morada en su propio Centro?

S: Bueno, durante años lo he creído y he hablado sobre ello, y si ahora Vos me lo aseguráis, entonces mi respuesta es «Sí».

D: En ese caso, ¿coincide conmigo en que debería sentir e irradiar mi bienaventuranza, pero, en cambio, no lo hace?

S: Ese es precisamente mi problema.

D: Ahora bien, ¿quién de nosotros dos es el que quiere que sea así, usted o Yo?

S: Desde luego que yo no, os lo juro.

D: Ciertamente Yo tampoco... Entonces, ¿cómo vamos a deshacer este entuerto?

S: Bueno, al menos Vos tendréis alguna sugerencia que proponer...

D: Podría ayudar si se preguntase a sí misma quién de nosotros dos, aunque sea mucho más poderoso, es el más reacio a imponer su voluntad sobre el otro.

S: Creo que ya entiendo lo que queréis decir, Señor. Soy yo misma quien ha optado por el infierno y la desdicha, y si os dejase hacer las cosas a vuestro modo irradiaría con vuestra dicha y vuestra felicidad celestial.

D: Bueno, no tiene nada que perder por invitarme a hacer las cosas a mi modo en usted y ver qué pasa.

9

Un taller de 1972

Este capítulo es una reimpresión de un artículo de D. E. Harding publicado en el número de mayo de 1973 de la revista *The Middle Way*.

E N LA ESCUELA DE VERANO BUDISTA de 1972, un grupo de unas veinte personas nos reuníamos diariamente durante aproximadamente un par de horas, no para escuchar una conferencia, para discutir algún tema concreto o meditar, sino para participar en una actividad llamada «taller». Este artículo describe el propósito, los principios, el procedimiento y los resultados de dicho taller.

Propósito

El propósito del taller es que cada participante dirija su atención a lo que él o ella es según su propia experiencia, a cómo son las cosas ahí donde siempre se encuentra, a cómo es ser la primera persona del singular en tiempo presente. No se trata de una investigación psicológica sobre los siempre cambiantes patrones de nuestros pensamientos y sentimientos, sino de prestar una atención cruda, pura y denuda al trasfondo constante sobre el que aparecen dichos patrones. En otras palabras, el objetivo es que cada miembro del taller vea lo que los budistas denominan su propia *naturaleza original* e inmutable.

Principios

La idea básica del taller es que no aprendemos a través de lo que leemos o lo que nos dicen los demás, ni siquiera mediante lo que pensamos o sentimos, sino por medio de lo que descubrimos al actuar, al hacer las cosas por nosotros mismos. El verdadero aprendizaje está en el hacer, en probar las cosas personalmente. Y resulta más fácil probar cosas formando parte de un grupo que de manera individual (1) porque en todo caso, para la mayoría de los experimentos útiles se requiere de la intervención de otras personas, (2) porque en un grupo los distintos miembros se ayudan mutuamente y hacen descubrimientos conjuntos, (3) porque es mucho más fácil concentrarse durante más o menos una hora en un grupo que estando solo y (4) porque en grupo es más divertido. En un taller todos participan y cualquier cosa puede ocurrir (el trabajo del guía no es imponer un programa, sino evitar que la gente se desvíe demasiado de la cuestión a tratar), por lo que está vivo y no es probable que nadie se quede dormido. Y, si el taller funciona, nadie sale de él siendo la misma persona que entró.

Procedimiento

En los últimos tres años se han ido desarrollando una serie de ejercicios, juegos y experimentos que nos ayudan a ver nuestra propia naturaleza original. Puesto que todos han sido diseñados para este fin, no es necesario realizarlos en su totalidad: cualquiera de ellos es suficiente para ver con claridad lo que tratan de mostrar. Por otro lado, disponer de un repertorio tan extenso y variado resulta útil porque las personas somos muy diferentes y la manera de ser de uno no tiene por qué coincidir necesariamente con la de otro. De este modo, damos respuesta a diferentes caracteres y temperamentos. Además, cada práctica confirma y refuerza las demás. Llegar desde distintas direcciones a la única experiencia central no le añade nada a dicha experiencia, pero sí pone de relieve lo sumamente accesible que es y nos deja sin excusa para seguir evitando la verdad fundamental sobre nosotros mismos. Con un par de ejemplos servirá para clarificar el tipo de cosas que suceden en el taller.

Ejemplo: El inclasificable

En primer lugar el guía del taller pone una pegatina de un cierto color (roja, verde, azul o amarilla) en la frente de cada participante. Al hacerlo, les pide que, mientras les coloca la pegatina, cierren los ojos. También les advierte de que está prohibido mirarse a un espejo, preguntar a los demás cuál es su color o decirles cuál es el suyo. Después se le pide al grupo que trate de ordenarse a sí mismo en cuatro subgrupos según el color (todos los rojos en un lugar concreto, todos los verdes en otro, etc.), y para llevar a efecto esta ordenación los participantes pueden comportarse como quieran. Solo han de observar las restricciones ya mencionadas. Lo que suele pasar es que algunos deambulan inútilmente tratando de adivinar su color. Otros, completamente desconcertados, simplemente se dan por vencidos... Hasta que alguien tiene una idea brillante, y entonces los cuatro subgrupos toman forma y en unos instantes todo el mundo está debidamente colocado en su sitio.

La triple lección que podemos extraer de este juego es que, en y para uno mismo, cada uno de nosotros somos absolutamente inclasificables, ilimitados, vacíos, una no-cosa; que contenemos a todos los grupos sin pertenecer a ninguno en concreto; y que *son los demás* quienes nos clasifican y nos ponen en un grupo, pues, para ellos, obviamente somos una cosa limitada. Podemos leer y releer una y mil veces los sutras que afirman que nuestra naturaleza original es como el espacio, nos pueden decir una y otra vez que intrínsecamente no tenemos ninguna cualidad, podemos pensar o creer con total sinceridad que esto es así, e incluso puede que estando en meditación nos sintamos (durante un cierto tiempo) bastante vacíos, pero

ahora, estando ahí de pie completamente vacíos en el taller
esperando a que alguien nos recoja y nos convierta en algo al
ponernos en algún grupo, por fin caemos en la cuenta, por fin
todo eso cobra sentido, por fin vemos la luz. Ahora no hay
escapatoria posible de nuestra propia vacuidad. *Vemos* de un
modo muy vivo e intenso que simultáneamente somos y no
somos y, por supuesto, *este ver es creer.*

Ejemplo: Quitar las capas de la cebolla

Un miembro del taller (A) plantea una objeción: «Estoy de
acuerdo con todo hasta aquí. Veo que aquí no soy nada *para mí
mismo*, pero esto podría no ser más que una ilusión subjetiva.
Lo que le parezco ser *a los demás* es igualmente relevante. ¿Por
qué no debería guiarme por la impresión que B tiene de mí?».

Como corresponde, abordamos la cuestión de cómo llega A
hasta B. Para ello, A se sienta en un extremo de la sala mientras
que B, de pie en el extremo opuesto, le mira a través de un
«visor»: una hoja de papel a la que hemos practicado un pequeño agujero. B nos hace saber que lo que ve desde ahí —a unos 6
metros de distancia— es una persona, un hombre o una mujer,
pero también puede verla desde otros puntos de vista; A tiene
otras apariencias que explorar. A medida que se va aproximan-
do a A cruzando lentamente la habitación, lo que B percibe de
A cambia de forma radical. Por ejemplo, a unos 3 metros lo que
ve es un torso, después solo una cabeza, luego solo un ojo, y
finalmente (a casi ninguna distancia de A) lo único que queda
en su visor es un mero manchurrón desenfocado. Entonces nos
informa de que lo que está percibiendo ya no es en absoluto
una persona reconocible, ya no es algo clasificable: todo eso ha
ido quedando atrás a medida que se acercaba. Ahora es este
manchurrón borroso (es decir, el propio A) quien debe tomar
el relevo y completar el relato de B dándonos a conocer cómo
es su realidad interna. El manchurrón declara que, para sí
mismo, no es nada en absoluto: A está vacío de A, y esta es

precisamente la conclusión para la que nos prepara el relato de B. La opinión del forastero (la de B, que está fuera de A) encaja perfectamente bien con la del morador interno (la de A, que está dentro de sí mismo).

Pero podríamos preguntarnos por qué motivo habríamos de tomarnos la molestia de poner en práctica en un taller algo que, por sí solo, ya debería estar bastante claro: el hecho de que al encaminarnos directos hacia cualquier cosa la perdemos y, en cambio, nos aproximamos a su vacío central.

Alguien que recientemente participó en un taller nos da la respuesta:

> Durante tres años o más, he estado familiarizado con esta idea, con la noción de que las «cosas» son una especie de nido de apariencias que rodean una realidad central que es puro vacío. De hecho, es algo que me resulta obvio. Creía que lo había captado por completo, y más aún porque mi trabajo consiste en manejar un microscopio electrónico en un laboratorio de biología. Sin embargo, hasta que no realicé por mí mismo en uno de los talleres el ejercicio de «quitar las capas de la cebolla» no entendí el auténtico significado de ese vacío.

Estos dos ejemplos aleatorios de los muchos ejercicios que hay disponibles (algunos de los cuales exploran otros sentidos diferentes a la vista) son suficientes para ilustrar la clase de cosas que suelen ocurrir en los talleres.

Resultados

Mi experiencia en América del Norte, Inglaterra y Europa en los últimos dos años realizando talleres de una duración que oscila de una o dos horas hasta ocho días, me ha mostrado que cualquier participante interesado puede captar el propósito del taller y ver (aunque sea breve e intermitentemente) su propia naturaleza vacía. Por supuesto que lo que haga después con esa comprensión o visión interior, si continua o no practicando hasta que se vuelva más estable y natural y, por lo tanto, completamente funcional, es otra cuestión. En todo caso, tener un primer vislumbre de la verdad básica sobre sí mismo no puede causarle ningún daño, y aunque no lo practique en absoluto, no perderá del todo la capacidad de ver. Tarde o temprano descubrirá que, por encima de cualquier otra cosa, necesita reactivar los descubrimientos que realizó por sí mismo en el taller.

10

La vía sin cabeza en 1965

En 2003, mientras hurgaba en algunos documentos antiguos, encontré este ensayo largamente olvidado. La versión de *On Having No Head*[1] a la que se refiere es la original, publicada por la London Buddhist Society en 1961.

HAN PASADO UNOS CINCO años desde que escribiera *On Having No Head*. Hasta entonces, tan solo había conocido a una persona aparte de mí mismo de la que estuviese seguro que había «perdido la cabeza». Desde entonces hasta ahora he tenido conocimiento de otros nueve casos (once en total), la mayoría personas a las que conozco íntimamente. El propósito de estas notas es extraer algunas conclusiones generales de estos casos adicionales.

1. Qué es esta experiencia

La experiencia consiste en ver la inexistencia de esa parte del propio cuerpo que ahora mismo es invisible. Esta parte invisible es, al menos, la cabeza de uno mismo, pero con mayor frecuencia suele ser el tronco o el cuerpo entero (dependiendo de si estamos mirando hacia abajo o hacia adelante). De hecho, es el universo tal y como se presenta justo aquí, a este lado de las gafas. Vemos que no se limita a ser meramente invisible, sino que está totalmente disuelto, desaparece sin dejar el menor

---

[1] Publicado en español con el título *Vivir sin cabeza*, Kairós, 1993. *(N. del T.)*

rastro. No se trata de que «no pueda ver mi cara», sino de que «veo que no tengo cara», lo cual es muy distinto. Este es el salto esencial, pero no es un salto intelectual, una comprensión racional de la propia vacuidad, sino *ver* de verdad, de un modo muy real, la claridad absoluta, la ausencia de cabeza aquí, y verlo con la misma nitidez con la que vemos nuestra cabeza ahí, en el espejo, en el lugar que le corresponde, a poco más de un metro de aquí.

2. A quién le ocurre

Hasta ahora, salvo en un caso, todos los que han tenido la experiencia han sido hombres. El más joven tenía 16 años, el mayor 60, y la edad promedio está en torno a los 30. La inteligencia de estos individuos era superior a la media, y su personalidad bastante normal y estable. Por lo que parece, es poco probable que quienes sufren de neurosis o de algún trastorno mental tengan esta experiencia.

Guarda poca conexión con la madurez intelectual, moral o espiritual (al menos, con la madurez espiritual manifiesta). Puede ocurrir muy al principio de la vida espiritual, casi sin esfuerzo, sin prácticamente haber realizado ninguna búsqueda ni haber practicado ninguna disciplina previa, o bien puede presentarse tan solo tras muchos años de esfuerzo sostenido. También es posible dedicar la vida entera a la búsqueda del autoconocimiento y llegar a tener una mente controlada y disciplinada, así como alcanzar un elevado grado de santidad, pero sin haber *visto* nunca esta realidad.

3. Cómo sucede

Se produce por contacto personal. Hasta donde yo sé, solo en un caso alguien ha conseguido ver su ausencia de cabeza mediante la lectura de un libro, pero después los resultados demostraron ser bastante pobres. En el mejor de los casos, el

libro puede prepararnos para ver y para confirmar la experiencia una vez que la hemos tenido.

4. Sus características principales

Es *repentina*, y eso se debe a que se trata de una cuestión de
«todo o nada». O se ve o no se ve, no hay punto intermedio.

Es *definitiva*, concluyente, en absoluto vaga o imprecisa.
Quien ve no puede dudar de la validez de lo que ve o de su
habilidad para verlo. Tampoco puede confundir esta experiencia con ninguna otra.

Es *sorprendente*, extraordinariamente revolucionaria, y no
simplemente una manera algo distinta de verse a uno mismo.

Y sin embargo, *no es espectacular* sino que se trata de una
experiencia fría, para nada extraña, piadosa o incluso religiosa,
sino completamente natural. No tiene nada que ver con el
éxtasis, con percibir destellos de luz o con cualquier estado
mental que se salga de lo normal. No es una clase de visión
especial, sagrada o espiritual: vemos la ausencia de nuestra
propia cabeza con la misma claridad con la que vemos la ausencia de la mano en el punto A cuando la movemos al punto
B.

Es *obvia*, tan tremendamente obvia que la reacción inicial
tiende a ser la risa y, una vez que se señala, no poder creer que
haya alguien en el mundo que no pueda verla.

Es *siempre igual*, siempre la misma experiencia, siempre total, incapaz de mejorar o declinar, pero al mismo tiempo, siempre es distinta. A pesar de ser inmutable en su esencia, su
expresión es infinitamente variada. Cada vez es la primera vez:
no arrastra nada del pasado, ningún recuerdo en el sentido
ordinario del término. El sabor del ver, aunque inconfundible,
es sutilmente diferente en cada ocasión.

Se puede concitar a voluntad. Podemos comprobar nuestra
propia ausencia siempre que lo deseemos. Por supuesto, hay

momentos en los que nos sentimos agitados o estamos distraídos y no queremos ser conscientes de ella.

Y por encima de todo, es el *descubrimiento* de la verdad básica sobre uno mismo, de cómo hemos sido siempre en realidad. No se trata de un logro o de algo que se pueda poseer.

5. Sus principales consecuencias

El cuerpo se relaja. Poco a poco va siendo cada vez más evidente para el veedor que la visión trae consigo una clase muy especial y particular de abandono, de soltar, de dejar ir. Todo el cuerpo (sobre todo el cuello, los hombros, los brazos y las manos) se relajan profundamente. No obstante, al mismo tiempo desarrollamos una sensación de intensidad, de aplomo, de fuerza o poder interior, un estado de alerta que impregna todo el organismo. Nos encontramos sumamente tranquilos y en calma, pero también más despiertos que de costumbre.

La respiración se ralentiza. La espiración se vuelve más profunda, como si presionásemos hacia abajo el diafragma, y el ritmo de la respiración se vuelve mucho más lento. Al final, apenas es perceptible, y todo esto sucede sin ninguna interferencia consciente por nuestra parte.

La mente se vacía. Ver es un estado libre de pensamiento, un estado sin recuerdos, sin anticipación, sin intención, sin ideas, sin palabras. Es pura Conciencia desnuda consciente de sí misma como tal (y sin embargo, paradójicamente, podemos disfrutar de ella a la vez que hablamos, escuchamos, pensamos, etc.).

Los sentimientos se aquietan. Es un estado de tranquilidad, un estado que no se ve perturbado por ningún tipo de emoción.

6. Sus efectos secundarios

Estos varían ligeramente de un individuo a otro. No todos los experimentan en su totalidad, o al menos no en un primer momento.

Colores y patrones. Los colores se vuelven milagrosamente brillantes, resplandecen y refulgen como nunca antes. Las combinaciones de colores y sombreados, los patrones y las texturas de las cosas, sus movimientos... Vemos que todo es muy hermoso, precioso, profundamente inevitable. Por fin percibimos el mundo ordinario tal y como es realmente, y resulta ser el mismísimo cielo. Por extraño que parezca, esto se debe a que no miramos los objetos, sino más bien a Aquel que los observa.

Música. Nuestra capacidad para disfrutar de la música, al igual que del resto de las artes, se ve alterada. Deja de ser convencional para volverse genuina, lo cual nos depara muchas y muy interesantes sorpresas. Por ejemplo, quienes ven presentan una cierta tendencia a elegir las mismas piezas o frases musicales (desde el pop y el folk hasta los clásicos) porque contienen el extraordinario poder de expresar la alegría, la energía y el misterio de Esto que ve y, al mismo tiempo, es visto.

La vida del día a día. Las funciones y sensaciones naturales (hacer de vientre, comer, beber, ducharse, descansar, etc.) ahora se saborean de tal modo que jamás nos aburrimos. Las cosas más simples, sus olores, las sensaciones que nos causan y los ruidos que hacen, están imbuidos de un nuevo interés. Lo mejor de todo es el placer de simplemente ser.

Eficiencia. Ahora nos podemos concentrar de verdad, y el resultado es que cumplimos con nuestro trabajo mucho más rápido y mejor que antes. Es como si este se realizase por sí mismo sin nuestra intervención consciente.

Tratar con la gente. Nuestras relaciones se vuelven mucho más fluidas y desenvueltas. La timidez, el sentido de extrañeza, de incomodidad y de hostilidad dan paso a un comportamiento mucho más espontáneo, natural y amable.

Ver a las personas como realmente son. Ya no juzgamos como se suele hacer convencionalmente, es decir, por motivos egoístas, con altivez y arrogancia, sino que sencillamente vemos los defectos como defectos y las virtudes como virtudes. Ahora somos mucho más sensibles y perceptivos, por lo que nuestra propensión a dejarnos enredar por los demás es mucho menor. Sin embargo, no queda en nosotros ningún sentimiento de superioridad hacia nadie. Ni, para el caso, tampoco de inferioridad.

Felicidad. Nuestro humor y nuestro ánimo tienden a estabilizarse. Poco a poco, la ansiedad, el miedo y la depresión se van volviendo tan imposibles como estar enamorado u odiar a alguien. En términos generales y a pesar de las constantes y a menudo crueles e implacables pruebas que la vida nos pone por delante, se trata de una existencia de verdadera felicidad. Pero hace falta un cierto tiempo para que se estabilice y se asiente. Es probable que tras la sorpresa y la alegría iniciales venga un periodo de aridez, soledad o depresión de algún tipo. Esta fase pasará más rápido si comprendemos lo que es en realidad: una profundización y una consolidación tras la cual sobreviene un estado de calma y tranquilidad constante.

Meditación. Nos damos cuenta de que el ver es más o menos independiente del momento, el lugar o la postura en la que nos encontremos. Perfectamente puede alcanzar su máxima intensidad cuando estamos en una calle ruidosa y concurrida. En este sentido, las técnicas de meditación se vuelven en gran medida irrelevantes, y lo mismo ocurre con la mayor parte de toda la maquinaria de la religión. La única meditación posible para quienes no tienen cabeza es morar, habitar y profundizar en dicho estado, en la Ausencia, la Claridad que hay aquí mismo y que está completamente viva para sí misma. Si tratamos de restringir nuestra meditación a ciertas temáticas establecidas, o meditar con algún contenido, sea el que sea, lo más probable es que no seamos capaces de hacerlo.

7. ¿Cómo de profundo y permanente es este ver?

¿Se puede producir el ver cuando no ha habido una búsqueda espiritual previa, cuando no albergamos el intenso deseo de encontrar la Verdad sobre nosotros mismos? Claro que sí, pero lo más probable es que lo infravaloremos, o quizá que no nos fijemos en ello ni procuremos seguirlo en absoluto. Para que sea efectivo ha de ser buscado, deseado, y hemos de comprender su alcance y su sentido espiritual. ¿Es posible que alguien que haya visto claramente, alguien que haya estado ahondando seriamente en su visión durante meses o incluso años hasta ser capaz de ver la mayor parte del tiempo, revierta a su estado anterior y, por así decirlo, vuelva a su antigua vida de ceguera? Por supuesto. Y, de hecho, esto puede suceder muy rápidamente. Es cierto que la visión debilita el ego socavando sus mismísimos cimientos, pero destruirlo por completo es algo muy complicado y que requiere mucho tiempo. El ego, aunque de un modo sutil, no deja de presentar batalla con obstinación, y en esto puede llegar a ser sumamente astuto e ingenioso. Incluso es posible que nos dé la impresión de que el ver hace que el ego, en lugar de disminuir, se infla y crece aún más. En parte, esto se debe a que ahora somos mucho más conscientes de él y de sus sagaces operaciones, y en parte también es porque ahora está arrinconado y trata de sobrevivir con movimientos y argucias desesperadas. La visión no nos cambia el carácter de la noche a la mañana, no convierte a una persona débil y errática en un individuo firme, decidido y resuelto: nuestro temperamento original se mantiene y sigue suponiendo una gran diferencia individual. Por supuesto, por lo general el propio ver promueve la dedicación necesaria para su supervivencia y su desarrollo. Exige dedicación completa: no hay otro modo. No se puede combinar con ningún otro propósito en la vida, no tolera otros intereses reales. No hay ninguna situación intermedia o de compromiso posible. Si no nos dedicamos a ello por completo retrocedemos inmediatamente hasta la casilla de salida. Y entonces es probable que suframos mucho más que alguien que nunca ha tenido esta visión. Para quien de verdad ha visto no hay descanso posible, ni satisfacción (ni siquiera la más mínima apariencia de estos) salvo en el propio hecho de ver. Lo importante aquí es la concentración, enfocarnos exclusivamente en esto. Así se producirá una maduración espiritual estable, constante y quizá incluso rápida.

8. ¿Es adecuado para principiantes?

¿Se puede inducir de algún modo la experiencia de no tener cabeza en quienes aún son inmaduros a nivel espiritual, tal vez dándoles así la impresión de que todo es muy fácil y sencillo? ¿No sería algo forzado o copiado, algo tomado de otra persona prematuramente sin contar con la suficiente preparación? En ese caso, ¿no estaría su comprensión condenada a ser necesariamente superficial y fugaz? Estas preguntas surgen cuando no entendemos bien lo que es ver. Mientras estemos interesados en tener experiencias (en lugar de *ver* esta verdad) el equívoco persistirá. Ver no es conseguir nada, nada en absoluto, sino única y exclusivamente deshacerse de una ilusión absurda y dañina, y la eliminación de dicha ilusión solo puede resultar beneficiosa sea cual sea la etapa del desarrollo espiritual en la que nos encontremos. Del mismo modo que no examinamos un espécimen en el laboratorio para tener una experiencia, una sensación o una emoción científica, sino para descubrir lo que tenga que enseñarnos, tampoco nos examinamos a nosotros mismos para disfrutar de una experiencia mística, sino para ver lo que somos, incluso si lo que descubrimos no resulta precisamente agradable. Todo ser humano tiene el derecho de acceder a la verdad sobre sí mismo independientemente de si hace uso de él o no.

Además, ¿quién soy yo para determinar quién está listo y quién no, o, para el caso, quién puede sacar provecho de la verdad? Un viejo sabio y piadoso puede no estar nada avanzado a nivel espiritual, mientras que un niño prácticamente puede haber alcanzado el Hogar. Por supuesto, sería imprudente e inútil —de hecho, puro egoísmo— tratar de imponer esta verdad sobre aquellas personas que no están interesadas en ella, pero negársela, aunque solo sea por un segundo, a cualquiera que la desee y muestre interés sencillamente significaría que en realidad aún no la hemos visto por nosotros mismos. En cuanto a los resultados, bueno, no son asunto mío. Podemos confiar en que la verdad se cuidará a sí misma, a su propio modo y a su debido tiempo. En cualquier caso, nadie que no esté perfectamente maduro y listo para verlo lo verá, simplemente es algo que no se puede transferir mediante ningún tipo de persuasión. De hecho, es totalmente incomunicable. O lo ves por ti mismo o no lo ves en absoluto.

9. ¿La experiencia sin cabeza es exclusiva de una sola persona o, como mucho, de unas pocas?

¿Hasta qué punto es válida, justo en la forma en que la estamos presentando, para los demás? Hace cinco años habría dicho que, aunque por supuesto la visión en sí misma es universalmente válida, esta formulación particular quizá podría no ser demasiado útil para cualquier otra persona, por lo que debería proponerse con cierta cautela y precaución y deberíamos tratar de encontrar formulaciones alternativas. La razón por la que ahora tengo una opinión diferente es que ha habido muchas más pérdidas de cabeza de las que esperaba, con los resultados que he descrito someramente.

10. ¿Es zen?

Ha sido tan solo en fechas recientes que me he dado cuenta de que en realidad no es zen. En su método (o, mejor dicho, en su falta del mismo), su lenguaje, su estilo o su tono, no es más zen de lo que pudieran ser el sufismo, el taoísmo o el cristia-

nismo místico. Es completamente occidental, actual, del siglo
XX, y es de suponer que por eso funciona aquí.

11. ¿Qué conexión hay entre el ver
y la experiencia mística?

Solo cuando se ha producido una gran acumulación de tensión, o cuando la personalidad de quien ve es de cierto tipo, es
probable que la visión inicial vaya acompañada de alguna clase
de «experiencia mística» extraordinaria, con síntomas físicos,
puede que intensos, que tal vez se manifiesten como temblores,
sudores o llanto. Pero esas experiencias (que pueden asumir la
forma de una explosión de la conciencia ordinaria en la Conciencia Cósmica, en un resplandor de gloria, amor, paz y dicha)
no tienen por qué guardar necesariamente ninguna conexión
con el hecho de ver. Pueden ser muy intensas y ocurrir en
muchas ocasiones mucho antes de que uno realmente alcance a
ver.

Estos breves y fugaces momentos de gracia son impredeci-
bles y están fuera de nuestro control. Por así decirlo, van y
vienen a su antojo. Todo lo que llega se va. En cambio, el ver
esencial ni viene ni se va; es universal e indestructible, y todos
lo estamos disfrutando ya y siempre de forma inconsciente.
Siempre es accesible porque supone ver lo que siempre está
aquí y siempre es claramente visible: nuestra propia Ausencia.

Una vez que hemos visto Esto nunca volvemos a ser la misma persona, mientras que incluso las experiencias místicas más
bellas y devastadoras tienden a dejarnos igual que estábamos.
¡O peor! Si empezamos a recordarlas y atesorarlas, si anhelamos
que se repitan y nos esforzamos por volver a alcanzarlas, lo
único que conseguiremos es bloquear la visión. De hecho,
pueden hacer que nuestro ego se hinche como ninguna otra
cosa. Por así decirlo, en lugar de ocasionar que nuestra cabeza
se vaya encogiendo hasta quedar abolida, pueden acrecentarla
mucho más. El ver no trae consigo nada de lo que el ego se

pueda alimentar. Está vacío, desinflado, es completamente humilde, en cierto sentido es incluso deprimente. Por eso es «difícil».

Y puesto que «Esto que se ve a sí mismo» está limpio y libre de todo contenido, también es definitivo, final, total y perfecto, mientras que las «experiencias místicas» siempre se pueden mejorar, siempre podemos explicarlas, ponerlas en duda o interpretarlas desde un ángulo u otro. Cuanto más ricas son más vulnerables nos vuelven. Solo la Pobreza absoluta que se encuentra justo aquí está más allá de toda duda y no tiene nada que ver con las ansiedades, las preguntas y las comparaciones propias del juego espiritual. Su marcador está a cero.

Douglas E. Harding
Octubre de 1965

11

Bankei

EL MAESTRO ZEN BANKEI (1622-1673) era un inconformista, un *enfant terrible* cuya vida a buen seguro asombrará, desconcertará y conmoverá al lector. Es cierto que su insistencia en lo No-nacido (que constituyó su principal comprensión, su pasión y su tema dominante) entronca con la bien conocida afirmación del Buda de que para que pueda existir una vía de escape que nos permita abandonar lo nacido, lo devenido, lo hecho, lo compuesto, ha de haber un No-ser, un No-nacido, un No-devenido, un No-hecho, un No-compuesto. Sin embargo, insistir en un tema específico (y mucho menos en el No-nacido) es tan impropio del zen que dicha etiqueta apenas se puede aplicar en el caso de Bankei. Lo mismo puede decirse de la práctica que deriva de su enseñanza. De hecho, se opone de forma deliberada a los métodos establecidos por las diversas tradiciones zen desde mucho tiempo atrás, métodos sumamente antiguos, bien probados y ensayados con los que pretenden poder hacer frente a cualquier clase de apego, rigidez u obsesión. Sin embargo, a pesar de resultar tan atípico —o tal vez precisamente por eso—, en los últimos tiempos Bankei ha gozado de un cierto resurgimiento.

Probablemente deba gran parte de su originalidad e independencia a haber sido criado en el seno del confucianismo antes de convertirse en budista. Uno de los textos clásicos confucianos, que tuvo que aprender de memoria, da comienzo con este misterioso pronunciamiento: «El camino del Gran Aprendizaje consiste en iluminar la Virtud Resplandeciente». Ninguno de sus maestros pudo darle una explicación satisfactoria sobre qué era esa «Virtud Resplandeciente», por lo que decidió averiguarlo por sí mismo costase lo que costase. Así pues, sin perder de vista ese objetivo, se sometió a austeridades increíbles entre las que se incluían prácticas como meditar en una choza solitaria durante días y días —con sus noches— sin comer ni dormir encaramado a una roca puntiaguda cuidadosamente elegida que, tras rasgarle la piel, naturalmente impedía la curación de sus llagas.

Por fin, cuando tenía veinticinco años, casi desfallecido de hambre y agotamiento, vio la luz. De repente se dio cuenta de que siempre había tenido al alcance de la mano la respuesta a la pregunta que tanto le atormentaba. Por lo visto, en ese momento descubrió la identidad común de la Virtud Resplandeciente y su propia Naturaleza intrínseca: lo No-nacido, la Mente de Buda que es universalmente accesible y todo lo dispone a la perfección. Abandonó todas las austeridades, se recuperó milagrosamente rápido y desde entonces se dedicó a vivir conscientemente desde lo No-nacido y a enseñar cómo hacer lo mismo que él a un grupo de seguidores, muchos de ellos laicos, que no tardó en volverse muy numeroso.

La doctrina en sí es simple y directa. Todos heredamos de nuestros padres la No-nacida e inmortal Mente de Buda que está llena de sabiduría y se ocupa perfectamente bien de todas las cosas. Nuestros nombres e identidades separadas, meras etiquetas, aspectos totalmente secundarios y derivados, están unidos temporalmente a esta Fuente de la que todo surge. Cuando estamos cabalmente convencidos de esta verdad vemos a las personas tal como son, si bien nosotros seguimos pareciéndoles inescrutables a ellas. Al descansar sin esfuerzo ni tensiones antinaturales en esta convicción segura, «con esta Mente de Buda No-nacida podemos manejar todas las cosas, nunca volvemos a estar en una posición falsa ni nos desviamos de nuestro camino».

¿Cómo sabemos que, en todo caso, estamos viviendo desde lo No-nacido, tanto si ya estamos despiertos como si no? Pues dándonos cuenta de lo maravillosamente esclarecedor que es, tan diáfano y claro como un espejo perfecto, pues de inmediato, sin que medie la más mínima duda, pensamiento o deliberación, distingue entre el ladrido de un perro, el gorjeo de un gorrión y el graznido de un cuervo, entre el rojo, el verde y el azul, y así sucesivamente hasta el infinito. Todas las vistas y los sonidos, con sus interminables y llamativas diferencias, son la función dinámica de lo No-nacido. Nuestra misión en la vida es tomar conciencia de esta función básica y misteriosa.

Según Bankei, esta realización de lo No-nacido está fácilmente a nuestro alcance en nuestro estado actual, tal como somos ahora, en la comodidad de nuestro propio hogar y sin tener que someternos a la severa disciplina del zazen o de la meditación sedente, por no mencionar las extremas austeridades que Bankei se infligió a sí mismo. Él mismo admite (con la sabiduría que le dio haber pasado por ello) que todo eso fue un error, una pérdida de tiempo, pues lo No-nacido ya vive y está perfectamente bien justo donde nos encontramos, tal como somos, y simplemente está aguardando a que lo reconozcamos y lo acojamos. La verdad es que, aunque sin saberlo, todo el mundo está ya completamente iluminado (sí, incluso las personas malvadas).

Pero, entonces, ¿por qué nos imaginamos lo contrario? La razón, extrínseca a nuestra Verdadera Naturaleza, es el condicionamiento social. Y el remedio consiste en liberarnos de esta artificialidad que nos ha sido impuesta o superpuesta y ser nosotros mismos, ser como realmente somos, simplemente naturales.

Ahora Bankei (más vale tarde que nunca) está en contra de todo artilugio, de toda ingenuidad innecesaria, y ciertamente de la autotortura que forma parte tanto de la práctica zen como de la vida ordinaria. Así pues, condena el cultivo por parte de los seguidores del zen de «una gran bola de dudas», así como su obsesión con los koans, rompecabezas deliberadamente desconcertantes que no surgen de forma espontánea desde el interior, sino que se imponen desde fuera. De hecho, podemos estar seguros de que es mucho más probable que cinco minutos de indagación genuina sobre nuestra verdadera identidad nos lleven a iluminar dicha identidad que pasarnos días y meses practicando meditación sedente encaminada a desarrollar un espíritu de indagación mediante oscuros artificios importados de épocas remotas y culturas que nos son totalmente ajenas (artificios que, claro está, nos imponen otros). Es decir, podemos estar seguros de que ninguna cantidad de meditación sedente garantiza al meditador que empiece siquiera a mostrar interés por su propia naturaleza, por lo No-nacido que tanto emocionaba a Bankei. En todo caso, él nos asegura que solo tenemos que «morar en la Mente de Buda, y entonces estaremos practicando zazen todo el tiempo».

D. T. Suzuki escribió sobre las enseñanzas de Bankei de un modo sumamente esclarecedor. Sus textos denotan que sentía un evidente aprecio hacia las mismas:

> Bankei se opuso enérgicamente al método del koan y lo consideraba un mero artificio antinatural. En este aspecto coincidía con los seguidores de la escuela soto, pero a diferencia de ellos, no abogó por la meditación silenciosa, pues su práctica debía haberle parecido tan artificial como el método del koan. [...] Exhortaba a sus seguidores a vivir tomando como guía al No-nacido con el que todos hemos sido dotados al venir a este mundo. Lo No-nacido es nuestro propio ser tal como es antes de la aparición del mundo mismo. En otras palabras, es Dios antes de llegar a ser consciente de sí mismo.

La oposición que Bankei mostró ante el zen tradicional se entiende mejor si tenemos en cuenta que el zen japonés llevaba unos doscientos años en declive. Por consiguiente, no le resultaría sencillo encontrar maestros iluminados que pudiesen servirle de guía, por lo que sintió que si quería encontrar la verdad tendría que hacerlo por sí mismo. El resultado de su autoiluminación fue un tipo de zen (o de pseudozen) que resultaba muy atractivo. No tardó en contar con un gran número de seguidores, hombres y mujeres laicos que pertenecían al pueblo llano, así como monjes y monjas. A su debido tiempo, obtuvo incluso el reconocimiento imperial. Su escuela floreció pero no sobrevivió por mucho tiempo tras su muerte. Por razones

obvias, las escuelas soto y rinzai atacaron o simplemente igno-
raron el zen de Bankei. En consecuencia, acabó siendo una
especie de protestante excéntrico cuyas reformas no acabaron
de calar en la sociedad y que se vieron eclipsadas rápidamente
por un movimiento de contrarreforma.

Como la mayoría de los reformistas, Bankei trató de simpli-
ficar, de despojar a la doctrina de siglos y siglos de artificios
acumulados. Pero, a diferencia de otros, no volvió a los inicios,
no retomó los conocimientos y los métodos primigenios de los
padres fundadores. No es que rechazase el zen basado en los
koans o en la meditación sedente en favor del zen fundamenta-
do en nuestro Rostro Original (también denominado *zen de la
Visión*) de Hui-neng y sus sucesores inmediatos, sino en favor
de su propia variedad de lo que podríamos llamar *zen metafísico*.

Lo cierto es que el contraste existente entre las enseñanzas
de los grandes maestros zen (*chan*) chinos del siglo IX y el zen
de Bankei no podría ser más contundente. Él insta una y otra
vez a sus discípulos a que cultiven el *pensamiento* de lo No-
nacido, a *creer* en lo No-nacido, profundizar y *alcanzar la
comprensión* sostenida de que esta es su Verdadera Naturaleza y
su Recurso inagotable. De hecho aconseja ir saltando de un
concepto a otro, sustituir la *idea* de que uno ha nacido como un
ser humano particular y separado por la *idea* de que verdaderamente somos la Realidad No-nacida e inmortal. Según
Bankei, tenemos que cambiar lo que pensamos —es decir,
nuestra mente— sobre nuestra verdadera identidad, mientras
que Hui-neng y sus sucesores nos instan a darnos cuenta de que
no tenemos mente alguna que poder cambiar. En este caso, nos
incitan a que soltemos toda creencia y toda opinión y simplemente veamos nuestro Rostro Original, nuestra Naturaleza
Vacía, nuestra Vacuidad. De acuerdo con Shen-hui, esta Visión
de nuestra Nada es el ver verdadero y eterno y está libre de todo
pensamiento. De entre estos primeros maestros zen, Huang-po
es quien más insiste en que todo nuestro problema radica,
precisamente, en el pensamiento conceptual, y que, por lo

tanto, la cura que necesitamos consiste en detenerlo y mirar directamente en nuestro propio interior. Nos asegura que, mientras que el hombre iluso y enajenado se guía por lo que *concibe*, el sabio se guía por lo que *percibe*. ¡Qué distinto es esto de las enseñanzas de Bankei!

Una consecuencia de su método francamente conceptual o metafísico fue la popularidad que alcanzó. Con su doctrina, al menos había alguna clase de zen que, hasta cierto punto, resultaba asequible a todo el mundo sin tener que someterse a ningún entrenamiento especial, que estaba disponible para cualquiera que estuviese dispuesto a creer y entregarse a lo No-nacido. Gracias a esto la vida de mucha gente mejoró en gran medida, o incluso se transformó, sin que tuviesen que pasar por la devastadora experiencia conocida como *satori*. En algunos casos, el solo hecho de escuchar hablar de lo No-nacido era suficiente para hacer que la gente arreglase sus disputas familiares, para que dejasen de preocuparse innecesariamente, para que fuesen más amables y honestos y, en general, para que tuviesen un mejor comportamiento con sus vecinos. Con gran deleite, una mujer dijo que cuando se convenció de lo No-nacido ¡dejó de tenerle miedo a los truenos! De nuevo vemos que esta especie de pulido de nuestra naturaleza humana es muy distinto al objetivo zen original de dejar a un lado dicha naturaleza en favor de nuestra naturaleza búdica esencial.

Sin embargo, sería un error concluir que, puesto que el zen de Bankei presenta una faceta popular que se presta fácilmente a derivar en aplicaciones moralistas (y ciertamente bastante «de andar por casa»), su propia iluminación y la de sus seguidores cercanos fuese parcial o superficial. Como él mismo señala, el zen puede adoptar toda clase de formas, y hay infinitas maneras de llegar a Aquello que somos en realidad, al Lugar en el que verdaderamente somos. Como es lógico, el zen metafísico se ajusta muy bien a algunos temperamentos. Nuestra Naturaleza no se muestra nada quisquillosa sobre si llegamos a ella tratando de mirar para ver nuestro Rostro (sin rostro) Original, debatiéndonos paciente y denodadamente con koans, mediante largas horas de práctica de zazen, descansando en lo No-nacido, o por cualquier otro medio. De hecho, el propio Bankei dista mucho de ser un dogmático inflexible. En ocasiones se contradice a sí mismo alegremente y no tiene reparos en mostrarse del todo inconsistente en las instrucciones que les ofrece a sus discípulos (lo cual resulta sumamente refrescante y liberador). Por ejemplo, no duda en deslizarse hacia la doctrina zen tradicional de la No-mente cuando les insta a abandonar todas sus ideas y, literalmente, «ser estúpidos». ¡Es como si les estuviese dando la oportunidad de permitir que la idea misma de lo No-nacido ponga fin al propio pensamiento!

En lo que a nosotros respecta, está más que claro que suprimir nuestra capacidad de concepción mental habitual y eliminar las ideas resulta tan imposible como absurdo, y si pensamos que estamos teniendo algún éxito en esta empresa entonces hemos caído víctimas de una idea absolutamente necia y pacata. Demonizar los conceptos es tan antinatural e innecesario como demonizar los sentimientos, las sensaciones o las percepciones. Por así decirlo, el universo nos sirve generosamente raciones de todas estas vitaminas, y nuestra dieta ha de ser equilibrada. De lo que tenemos que guardarnos es que intercambiar equivocadamente los distintos elementos del menú (como si de pronto nos diese por extender mermelada sobre un lenguado frito o mezclar el caviar con las natillas). El lugar que le pertenece a nuestra No-mente es justo aquí, justo donde estamos, donde somos —y no somos—, en el Centro, mientras que nuestra mente (junto con toda noción de lo No-nacido, etc.) no es más que una emanación, un flujo saliente que brota de este Centro que se despliega región tras región y hace que todo llegue a la existencia y florezca en la estación debida. Y esta No-mente o No-cosa central es nuestro refugio definitivo. Aferrarnos a cualquier idea (cuanto más noble y más profunda, más seductora) sencillamente no funciona. Las ideas son, literalmente, para soltarlas, para dejarlas marchar, para desprendernos de ellas. Lo único que no nos abandonará ni nos defraudará jamás es su Origen inefable, su Fuente sin nombre, invariable y carente de todo rasgo distintivo.

El mismo Bankei se percató de que nuestro Yo, nuestra Naturaleza «vacía e iluminadora, excede por completo el ámbito del pensamiento. [...] Al ser la Mente de Buda no-nacida, no tiene pensamientos en absoluto». Así que al final parece que él también era plenamente consciente de que cultivar la idea de lo No-nacido equivale a cortar de raíz su realidad. No cabe duda de que respaldaría con total sinceridad ese dicho extraído del *Chandogya Upanishad*: «El hombre obtiene satisfacción de lo Ilimitado, pero jamás de lo limitado».

12

Cuando se nos mete humo en el Ojo

AQUÍ TENEMOS UN EJEMPLO de lo que llamo *Visioterapia*. Con el paso de los años me he dado cuenta de que la ausencia de cabeza es un remedio eficaz para dejar de fumar. No funciona en todos los casos, pero es muy posible que cuando nuestra cabeza se esfuma, desaparezca también el cigarrillo que antes solía tener pegado y que nuestro Ojo se abra.

La razón está bastante clara. Empezamos a fumar porque el cigarrillo, el puro o la pipa, nos confirma que tenemos aquí una cara con un par de ojos en la que esa maldita cosa puede fijarse y a partir de la cual prolongarse hacia delante. Y el motivo por el que en su día empezamos a fumar es doble: por un lado, la nicotina es adictiva, pero, por otro, aún necesitábamos algo con lo que restablecer nuestra cara de dos ojos, pues esta corría un peligro constante de desparecer.

Y si ahora dejamos de fumar, la razón es igualmente clara. Es porque nuestro Vacío Central resulta aún más adictivo y porque es necesario que practiquemos nuestra Ausencia de rostro (de un solo Ojo) hasta que se convierta en una realización permanente.

13

Nuestra única paz

Aquí, en mi mismísimo Centro y Raíz, Aquello desde lo que te estoy mirando es la Luz que, como Dante me confirma,

> [...] hace que el Creador mismo
> se vuelva visible para esa criatura
> que solo al contemplarle encuentra la paz.

La divina comedia, Paraíso, Canto XXX

TENGO LA INMENSA FORTUNA de ser esa criatura, y lo mismo ocurre contigo, que eres capaz de distinguir a Aquel que se encuentra en tu lado del espejo de ese otro individuo que se halla en el extremo opuesto. Aquí, justo donde YO SOY, yace el verdadero Rostro Original del YO SOY, de Dios Todopoderoso, cuyo Rostro, en su infinita y asombrosa misericordia, es al mismo tiempo mi verdadero Rostro Original. (Mi rostro secundario y adquirido es el que aparece al otro lado del espejo y en mi pasaporte, mientras que el rostro secundario y adquirido de Dios es el que podemos ver en las galerías de arte y en los libros infantiles: esa cara completa, con una barba larga y blanca como la nieve cuya silueta se perfila contra un largo camisón para dormir igualmente blanco). Justo aquí Él y yo estamos indisoluble y eternamente unidos, y para demostrarlo llevamos el mismo rostro; un rostro único, enorme y absolutamente claro. Así que no es de extrañar que la visión de esta Cara increíble sea también mi única y última paz. Ni que obviarla, pasarla por alto o descuidarla (sustituyéndola por esa otra casa adquirida, distante, oscura, prácticamente invisible y que se está muriendo rápidamente) equivalga a asegurarme una vida de infortunio, zozobra y angustia sin fin. Además, es una actitud increíblemente estúpida, cuando no directamente suicida.

Por expresar esta cuestión de un modo diferente, me resulta de lo más natural decir «Soy esto, aquello o lo de más allá» las veces que haga falta al día, pero la sorprendente verdad es que en realidad su YO SOY es indivisible, de modo que lo que parecía ser mi pequeño «yo soy» no es otro que su gran YO SOY. En otras palabras, al darse generosamente a ti y a mí, Dios se entrega por completo. Se niega categóricamente a darnos tan solo algunos pedazos sueltos de su Ser. O llega a nosotros por completo o no lo hace en absoluto. ¿Y qué demostración más vívida y siempre presente de este excelente regalo podría haber que el hecho de que usemos el mismo Rostro? O, para el caso, ¿qué visión más feliz y dichosa? Por eso se llama Visión Beatífica. Solo aquí se encuentra nuestra paz.

No sirve de mucho que te limites a *creer* lo que Dante, o yo mismo, te decimos sobre la Visión Beatífica y el YO SOY indivisible. Es necesario que se den dos factores: En primer lugar, has de *ver por ti mismo* la Cara de todas las caras y, en segundo lugar, has de *continuar viéndola*. Debes practicar el ver, el hecho de llevar puesto tu Rostro divino-humano. Tienes que seguir poniéndolo a prueba, probártelo una y otra vez para ver cómo te queda. Has de crear un nuevo hábito, el hábito feliz y venturoso de disfrutar de la Visión Beatífica. Lo cual resulta sencillo, pues no solo es algo natural, sino también naturalmente adictivo, al menos tan adictivo como otros hábitos mucho más lamentables y nada naturales como fumar, beber o drogarse con heroína.

Aquí muy bien podrías preguntarme con qué intensidad y por cuánto tiempo debes practicar esta visión antes de poder disfrutar de la prometida «paz única».

Bueno, mi respuesta a esta pregunta (sumamente razonable) opera en dos niveles y es la siguiente. La verdad *última* es que tu Rostro original divino-humano es tu Rostro eterno y atemporal, y la Paz que trae consigo te pertenece desde siempre, desde el mismísimo inicio, desde el momento en que tuviste tu primera visión fugaz de ese Rostro. Ten la seguridad de que Dios no te va a entregar su Rostro en su totalidad negándote al mismo tiempo la Paz que le acompaña. Los psicólogos nos confirman que nuestros sentimientos más profundos y poderosos pueden ser aquellos de los que menos conscientes seamos. Por lo tanto, es probable que ese también sea el caso aquí. Ves con total claridad tu verdadero Rostro pero piensas que te falta la Paz que acompaña a la Visión, pero no es así. ¿Cambiarías tu paz profunda por una paz superficial? La voluntad del Creador es tu paz, y lo que Él quiere es que te Unifiques con Él y compartas su mismo Rostro.

Eso en lo que respecta al nivel más elevado y profundo, al nivel que está más allá del tiempo, pero, por supuesto, nosotros, los seres humanos, también vivimos en el tiempo, de modo que la pregunta sigue siendo: ¿Por cuánto tiempo debemos practicar para alcanzar a ver nuestro Rostro divino-humano? ¿Cuánto tiempo hemos de practicar con asiduidad esta visión antes de sacar a la superficie la profunda paz que engendra?

Bueno, sencillamente no lo sé. Las personas somos muy distintas unas de otras. Por lo que yo he podido observar (observaciones ciertamente limitadas), parece ser que para la mayoría el periodo de práctica no es cuestión de meses sino de años, pero para algunas almas afortunadas y dotadas el tiempo de práctica y espera es bastante corto. Es muy posible que tú mismo seas uno de ellos. En cualquier caso, puedes tener plena confianza en esta paz, una paz que es tan profunda y tan poderosa que permanece como no manifestada. También puedes estar seguro de que no hay absolutamente nada erróneo o equivocado en tu Visión. Disfrutar de esa dichosa Visión por primera vez equivale a hacerlo exactamente como lo hicieron Buda y Jesús tras toda una vida de práctica. Esta es la única cosa que jamás podrías hacer mal. O lo haces a la perfección o no lo haces en absoluto. Que sea breve no implica en modo alguno que su perfección se vea empañada. En esto, la práctica no nos lleva a la perfección, sino que tan solo hace que se vuelva habitual.

Si por casualidad resulta que eres capaz de tocar el violín o el piano a la perfección, o siempre ganas al golf o al tenis, apostaría a que no perderías ninguna oportunidad de ejercitar y poner en práctica tu maravillosa habilidad. Pues bien, por el mismo motivo, has de ejercitar tu destreza como Veedor y confiar en el Uno que ves para así poder sacar a la superficie su Paz, en su justa medida y a su debido tiempo.

Sin esta confianza la Visión Beatífica no sería beatífica. Por así decirlo, un ceño fruncido desfiguraría sus hermosas facciones.

14

El hombre de las máquinas de coser

Seymore Boorstein, un psiquiatra de San Francisco, me contó el siguiente relato sobre un hombre que trabajaba reparando máquinas de coser. La historia es real y se desarrolla de este modo:

S EYMOUR NECESITABA ARREGLAR una máquina de coser, así que la llevó a una tienda de la que le habían hablado muy bien que se encontraba en el otro extremo de la bahía. Ahí le aguardaban algunas sorpresas. Por todo el escaparate y por las paredes de la tienda había una gran cantidad de tarjetitas con mensajes claramente alegres y alentadores dirigidos al público en general y, más en concreto, a los clientes. «La vida es muy, muy hermosa», «El milagro del florecimiento de un bulbo de jacinto azul nos habla de la bondad divina que reside en el corazón de la naturaleza», «Eres una persona única y maravillosa», «Que Dios te bendiga, querido amigo», y muchas más por el estilo.

Como es natural, al ser psiquiatra, el doctor Seymore se sintió muy intrigado por estos mensajes tan optimistas que denotaban un corazón generoso, y le hubiese gustado tener ocasión de preguntarle a su autor (el dueño de la tienda, cuyo nombre, al parecer, era George) sobre ellos, pero por desgracia había muchos clientes en la tienda y, además, el propio Seymore andaba apurado, pues tenía que acudir a una cita.

Pero cuando regresó una semana más tarde para recoger la máquina reparada se encontró con un sonriente George mucho menos ocupado y dispuesto a prestarle atención. Se trataba de un hombre pequeño de unos cincuenta años, un poco cojo, de pelo gris y con el rostro surcado de arrugas. Se diría que era un tipo de aspecto ordinario, el típico individuo con el que nos cruzaríamos por la calle sin prestarle mayor atención.

Así pues, estaba listo para responder a las preguntas de Seymore. Su conversación, según el relato del propio Seymore, discurrió por estos cauces:

Seymore: Los mensajes de las tarjetas que ha puesto en el escaparate y por toda la tienda me tienen fascinado. Debe usted de haber tenido una infancia especialmente dichosa. Me encantaría que me hablase de ella.

George: ¡Oh no, señor! Tuve una infancia espantosa. Mi padre era un borracho furioso que nos golpeaba a mi madre y a mí. Ella se escapó cuando yo tenía seis años. No sé dónde vive, ni tan siquiera si sigue viva. De los seis a los doce años estuve en un «hogar» —así lo llamaban— dirigido por un pervertido que abusaba de mí regularmente. Lo cierto es que creo que no pude haber tenido un peor comienzo en la vida.

S: ¡Dios mío! En ese caso, ¿cómo demonios se explica la actitud excepcionalmente feliz y servicial que tiene ahora? Por favor, cuénteme exactamente qué le ocurrió y cuándo.

G: Con sumo gusto, señor. Tras abandonar aquel «hogar» después de cumplir los doce años y hasta más o menos los veinticinco, me dediqué a hacer algún que otro trabajo informal, pero de vez en cuando también tuve que robar en las tiendas y básicamente vivía de los subsidios para desempleados. Sí, ese era mi verdadero estado, sobrevivía gracias a ayudas que recibía. Pero, afortunadamente, en un cierto momento me ofrecieron la oportunidad de realizar un curso de formación gratuito en una empresa que se dedicaba a vender y reparar máquinas de coser. ¡Doy gracias al Señor por eso!

S: Lo que me encantaría saber es qué fue exactamente lo que provocó ese cambio tan extraordinario en su personalidad.

G: Sí, a eso voy. Con veinticinco años me llamaron a filas. Recuerdo aquel primer día en el ejército tan vívidamente como si estuviese sucediendo ahora, como si tuviese la escena frente a mis propios ojos. La mayoría de los reclutas llevábamos el pelo largo y bigote, no íbamos demasiado aseados y vestíamos con toda clase de ropas de dudosa reputación. Y, de todos, creo que yo era el personaje con peor pinta. Bueno, nos desnudaron y nos lavaron minuciosamente, nos cortaron el pelo al ras, nos afeitaron, nos vistieron a todos con camisetas blancas exactamente iguales y nos sentaron en línea en un largo banco que estaba justo en frente de un gran espejo. ¿Sabe qué ocurrió entonces? Me refiero a lo que me ocurrió a mí.

S: No. Dígame, George.

G: ¡Pues que fui incapaz de distinguir cuál de aquellos tipos era yo!

S: Siga, siga.

G: Bueno, lo averigüé moviendo el dedo índice de la mano derecha y apuntándolo a la cara que solía pensar que tenía aquí, montada sobre este torso mío ciertamente visible. Por alguna razón que nunca tuve del todo clara, la experiencia que tuve ahí sentado en aquel largo banco frente al espejo me cambió la vida por completo. De hecho, ahora ya ni siquiera me importan las razones concretas que motivaron esta transformación, sino que me limito a continuar con mi vida sintiéndome feliz de vivir ese cambio, por así decirlo.

S: *(Tras permanecer unos instantes en silencio)*. ¡Qué historia tan maravillosa! Supongo que le llevaría un tiempo acostumbrarse a esto. Mi impulso inicial ha sido el de invitarle a mi casa para que así pudiera contarles su historia a algunos de mis amigos y pacientes, pero pensándolo mejor, creo que no sería buena idea. Su lugar y su trabajo están aquí, y en mi opinión, nada debería cambiar eso. En cualquier caso, por el momento me contentaré con recomendar a todos mis amigos este establecimiento de máquinas de coser tan sumamente eficiente.

G: Muchas gracias, señor.

15

El Cosmap

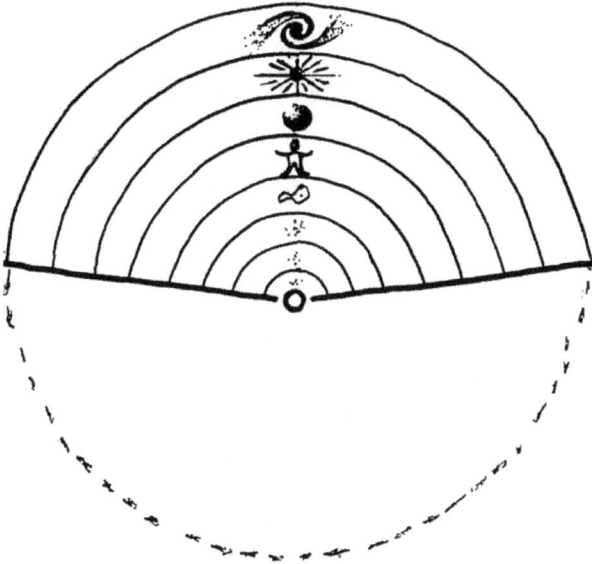

AUNQUE SIN DEMASIADA justificación, solía pensar que
este esquema era mi versión especial de un mandala,
pero al darle vueltas a la idea me di cuenta de que en
realidad no encaja en esa definición, pues a diferencia de un
mandala, este diagrama no es ni budista, ni tántrico ni jungia-
no, sino algo muy diferente. No es un símbolo que represente al
Yo (al Ser), sino un mapa del mismo, del Yo en el universo y
del universo en el Yo. Es simétrico en su eje vertical pero no en
el horizontal. Por otra parte, al igual que ocurre con los manda-
las, podríamos considerarlo como una ayuda visual para la
meditación formada por un centro y su circunferencia corres-

pondiente, con el típico despliegue de entidades sagradas o seculares que suele darse entre ambos puntos. Pero ahí termina todo el parecido.

Así que he decidido, más bien tardíamente, bautizar a esta creación mía con el nombre de *Cosmap*[1]. Y mi propósito en este capítulo es examinar nuevamente (con nuevos ojos, por así decirlo) su historia y su función, su validez y su eficacia a la hora de practicar y compartir el Ver, así como en la vida espiritual en general. En estos contextos, nos preguntaremos si se trata de algo más que un mero extra opcional. Así pues, veamos en primer lugar su historia y su función.

Por la gracia de Dios, tras años y años de esfuerzos, por fin alcancé a ver un rayo de luz. Fue sobre el 1940, a la edad de treinta y un años, cuando decidí que ya era hora de que despertase a la identidad del personaje que había llegado a esa edad tan avanzada ignorando por completo «quién» lo había hecho en realidad. Con este objetivo en mente, y en un intento de perfilar un autorretrato exacto de mí mismo, comencé a producir gran cantidad de Cosmaps de todo tipo. Todos se basaban en la simple, obvia y básica proposición de que lo que los demás consideran que soy no es algo fijo, sino que depende de desde dónde me estén viendo, de la distancia a la que se encuentre mi observador.

Por ejemplo, si alguien me ve desde una distancia de unos pocos metros, soy un hombre en toda regla, completo, con todas sus partes, pero si se acerca y agudiza su vista con los instrumentos adecuados, dejo de ser un hombre en absoluto para convertirme en una enorme y apretujada comunidad de criaturas llamadas *células*. O si, por el contrario, se aleja de mí, de nuevo pertrechado con los instrumentos adecuados, me convierto en alguna clase de entidad geográfica o, a mayor distancia, de criatura astronómica. Y así sucesivamente, tanto

---

[1] Acrónimo de *cosmic map*, 'mapa cósmico'. *(N. del T.)*

en un sentido como en otro. Acércate a mí y verás aquello de lo
que los demás dicen que estoy hecho, bajando y bajando en la
escala hasta llegar a las partículas más diminutas que puedan
existir. Aléjate de mí y llegarás a aquello de lo que los demás
dicen que formo parte, subiendo y subiendo hasta alcanzar la
totalidad más suprema que pueda existir. Por mi parte, afirmo
que verdaderamente soy todas estas vistas que los demás tienen
de mí. ¡Soy así de elástico!

Además cuento con los hallazgos de la ciencia moderna, res-
paldados por el sentido común, para confirmar este impresionante retrato cósmico-jerárquico de mí mismo (y, por
supuesto, también de ti mismo). Dichos hallazgos me llevan a
preguntarme qué sería este hombre sin su población celular, o
qué sería de cada una de sus células sin su población molecular,
y así sucesivamente hasta llegar al fondo, sea cual sea, de este
sistema de totalidades y partes. O, yendo en sentido contrario,
hacen que me pregunte si quedaría algo de humano en mí sin el
resto de la humanidad. Siguiendo en esta línea de indagación,
me cuestiono qué necesito más (es decir, qué órgano de cuantos
poseo me resulta más indispensable), si este brazo derecho o
este planeta con su aire, su agua, su tierra, su flora y su fauna.
O, para el caso, este sol con toda su luz y su energía. Si me
amputasen alguno de estos órganos o de estas extremidades,
¿sin cuál de ellos podría sobrevivir más tiempo? ¿Con cuál de
ellos podría pasar mejor?

La respuesta ineludible a todas estas preguntas es que sin el
resto de la gran jerarquía de totalidades y partes un hombre no
es más que una pura abstracción, un sinsentido; que para ser
una persona también ha de ser todo lo demás, de arriba a abajo
y de abajo arriba; que, estrictamente hablando, la jerarquía
cósmica es indivisible; y que este Cosmap refleja fiel y exactamente lo que soy.

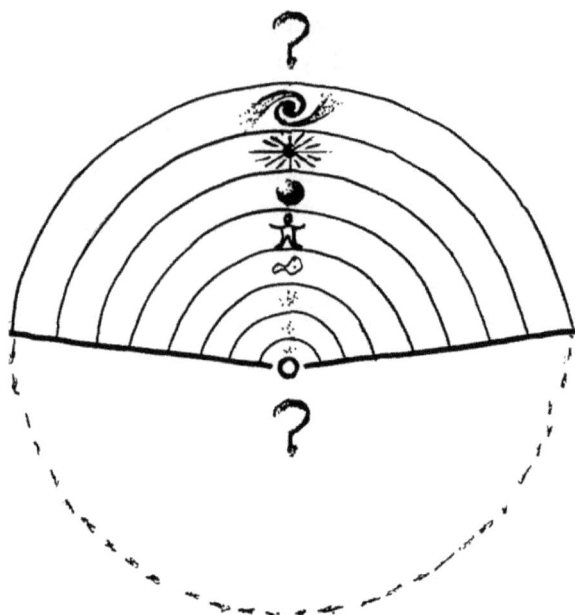

No es un mapa de un cierto *terreno*, de una zona concreta, en el sentido en que una foto aérea es un mapa de un determinado país. Se trata más bien del mapa de un *viaje*, de un recorrido, de una sucesión de terrenos. Incluye la dimensión temporal y es más bien como un mapa de carreteras que lleva un cierto tiempo explorar. De hecho, con su ayuda y su aliento me convierto en un viajero cósmico en busca de sí mismo. Un viajero que, partiendo de algún lugar más allá de las galaxias, va pasando sucesivamente en su recorrido por la región solar, terrestre, humana, celular, molecular, atómica y subatómica. He de añadir que con cierto éxito a la hora de descubrir lo que voy encontrando en mi recorrido, si bien lo que se encuentra tanto al principio como al final del viaje sigue siendo una completa incógnita para mí, como indican los signos de interrogación que he añadido a la figura. Es como si estuviese aporreando la puerta de mi «Máximo Periférico» y simultáneamente llamase insistentemente también a mi «Mínimo

Central», tratando de encontrar una forma de entrar en ambas regiones a la vez.

Durante dos años estuve golpeando y golpeando estas puertas incansablemente, pero sin conseguir ningún resultado. Y entonces, por fin apareció la respuesta y, de pronto, ambas puertas se abrieron de par en par. En un golpe de lucidez se me ocurrió que el lugar exacto en el que me encontraba, el mismísimo punto desde el que estaba mirando, no era de ninguna manera la región humana que aparece en medio del Cosmap, sino su mismísimo Centro. ¡Este Punto que había considerado como el menos accesible del universo resultó ser el más accesible! Estaba ahí, completamente disponible y abierto para que yo lo inspeccionase (infinitamente amplio, absolutamente abierto, claro, diáfano, impecable, vacío). Pero no vacío por el mero hecho de estar vacío, sino vacío para llenarse con todo, con cualquier cosa que apareciese en este Espacio. De hecho, se reveló como una Nada (como una No-cosa, un No-algo) que sin cesar explotaba en Todo (en Todas-las-cosas). Así pues, lleno de alegría, borré los dos signos de interrogación que había puesto en mi Cosmap. Había recorrido todo el camino hacia abajo, había descendido hasta Absolutamente-Nada, y entonces (y solo entonces) completé también todo el camino hacia arriba, hasta Absolutamente-Todo. Y todo esto *a pesar de* ese pequeño y conocido humano que aparece a medio camino, más que *gracias* a él.

A partir de ese momento (es decir, durante los últimos sesenta años) el Cosmap, a veces con pequeñas variaciones aquí y allá, me ha servido bien. Por así decirlo, ha sido mi plan basal, mi esquema funcional, el plano que me sirve de guía para trabajar sobre el terreno. No se trata en modo alguno de un símbolo o un icono sagrado, sino de un recordatorio continuo y siempre presente de mi constitución esencial. Me conecta íntimamente con todo, le da sentido a mi vida, le aporta significado y relevancia.

No obstante, ahora debo hacerme algunas preguntas incómodas. ¿Hago bien en apoyarme tanto y durante tanto tiempo en algo que tal vez no sea más que un garabato obsesivo? Al fin y al cabo, la gran mayoría de las almas liberadas que han pertenecido a las principales religiones del mundo se las arreglaron muy bien sin nada de esto. ¿Podría mi mapa cósmico ser en realidad mi «trampa cósmica»? No sería difícil verlo como algo que, en lugar de liberarme, me atase —aunque con una cuerda sumamente elástica—.

¿A dónde puedo dirigirme? ¿A quién puedo recurrir para que me aclare y me aporte alguna certeza sobre este asunto vital? De algún modo he de alinear o sintonizar, si es que es posible, mi práctica y mi disciplina espiritual con la de los grandes maestros reconocidos de la vida espiritual. Solo conozco una forma de abordar este problema, y es formular una pregunta muy fácil de responder: «*¿Cómo hago estos diagramas?*». Y, por supuesto, la respuesta es: «*Con un compás*».

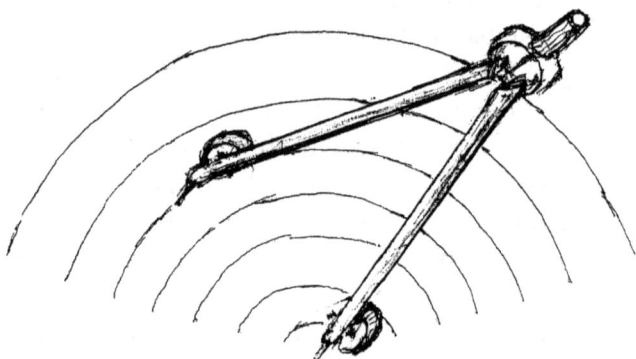

Sí, claro, realizo mis Cosmaps con un instrumento bípedo muy común, uno de cuyos pies es una aguja central fija, mientras que el otro pie es un bolígrafo circunferencial en movimiento. EL PRIMERO ES EL MOTOR INMÓVIL DEL OTRO, SIN IMPORTAR LO CERCA O LO LEJOS QUE ESTÉ.

Este hecho obvio hace que el Cosmap se ajuste inmediatamente a las grandes tradiciones espirituales de un modo totalmente práctico y concreto. En otras palabras, en un cierto sentido —sin duda algo peculiar—, el Cosmap era, sin que me diese cuenta de ello en todos aquellos años, la obra de la misma Realidad que trataba de representar. Un poco como si un retrato se pintase por sí mismo en un lienzo cuando el modelo se sienta en la silla para posar, o como si un libro se leyese a sí mismo en voz alta.

Digamos que si Dios es el Motor Inmóvil del mundo (y lo es), entonces un humilde compás es, nada más y nada menos que *una parte muy especial de la anatomía divina dedicada al extraordinario cometido de hacerse un autorretrato*. Él es tan generoso a la hora de disponer las cosas que me otorga la capacidad de dibujarle, de dibujar a Dios, junto con su cosmos y el propio hombre (hecho a su imagen y semejanza), justamente por medio de Dios. Por así decirlo, dibujo a Dios con Dios.

El resultado, no es de extrañar, es que, como veremos, un montón de preguntas desconcertantes se aclaran de inmediato:

(1) Mis sesenta años de obsesión con el Cosmap se revelan como una buena obsesión, una «Obsesión» con mayúsculas con la que acabar con todas las demás obsesiones.

(2) Justifica su utilidad, su notable eficiencia como una especie de *Guía Michelin* espiritual para volver a Casa. Lo cierto es que funciona como una especie de icono o de incentivo no intencionado para la meditación pero sin convertirse por ello en un símbolo, pues está firmemente basado en una experiencia verificable, en lo que *percibimos* en lugar de en lo que *concebimos*.

(3) Ese nido de círculos concéntricos que tanto se parecían a una trampa (e incluso a un trastorno) resulta ser todo lo contrario. Es un vívido recordatorio y una demostración de que comparto un Centro común con todas esas otras criaturas que antes me parecían ajenas, de modo que puedo decirle a todas y cada una de ellas: «¡AQUÍ, SOY CONTIGO!». Esto y solo esto es lo que yo llamo *verdadera sanación*.

(4) Otra lección crucial que me enseña el nido de círculos concéntricos del Cosmap es que cada círculo adicional que traza mi compás *abarca, contiene, incluye, circunscribe o englo-*

ba el contenido de todos los círculos anteriores y más pequeños, y las consecuencias de este hecho son verdaderamente astronómicas. Hace que nuestro modelo del cosmos se transforme por completo, que la vida y la conciencia EN la Tierra se conviertan en la vida y la conciencia DE la Tierra (por lo que dicha vida deja de ser un mero invitado bienvenido... o un parásito no tan bien recibido...). Del mismo modo, la vida y la conciencia EN el sistema solar se convierten en la vida y la conciencia DEL sistema solar. Y así sucesivamente hasta llegar al cosmos mismo, que ya hemos descrito como Uno y estrictamente indivisible.

Hoy en día, por supuesto, todo el mundo habla de nuestra «Madre Tierra» como una entidad viva, pero aún no he oído a ningún astrónomo referirse a su explicación matemática sobre el viaje que realiza alrededor del Sol diciendo que sea ella, nuestra Madre Tierra, la que orbita en torno al astro. Ni tampoco he escuchado a nadie describir la *Canción de la Tierra* de Mahler como nada menos que su propio soliloquio musical, su canto solista.

Bueno, tal vez algún día nuestro Cosmap nos ayude a despertar a la impactante pero ineludible verdad de que la vida y la conciencia que hay en nosotros se distribuye igualmente por toda la jerarquía cósmica y, en última instancia, no es otra cosa que Su vida, Su conciencia (sea cual sea el nombre que le pongamos a este Él o Ella divino).

(5) Nuestro Cosmap elimina toda vaguedad e imprecisión —y toda locura— de una de las doctrinas más provocativas y aparentemente absurdas que aparece de forma recurrente en los *Upanishads*, el zen y el sufismo: que solo hay un Único Veedor en todos los seres y que solo Dios (alias Naturaleza búdica o nuestra Fuente) ve realmente. De lo cual se deduce que las personas y los animales como tales en realidad no se ven entre ellos. Como dice Rumi, atribuir vista a sus ojos es como atribuirle vista a los ojos de un retrato pintado en un cuadro.

Esto resulta complicado de entender, y aún más difícil de incorporar en nuestra vida diaria. Pero, una vez más, ¡el compás de Dios acude al rescate!:

Mientras que «Jack "ve" a Jill» es una operación circunferencial, simétrica y ciertamente humana en la que ambas partes permanecen intactas, «Yo veo a Jack» y «Yo veo a Jill» es una operación radial, asimétrica y divina en la que me desvanezco sin dejar rastro en favor de la otra persona. Si me fío (como debo hacer) de la evidencia presente, estas dos operaciones son radicalmente distintas. Y lo que he de preguntarme continuamente es en cuál de las dos participo, en cuál de las dos estoy involucrado, si en la verdaderamente real y divina o en la típicamente humana (que dista mucho de ser real). En otras palabras, ¿estoy operando conscientemente desde la aguja fija del compás de Dios? Lo que antes solía ser poco más que un vago e impreciso vagabundear y discurrir, con cierta fascinación, por los problemas de la vida, ¿se ha convertido ahora, gracias a la aguja firme y sólidamente clavada de ese compás, en un sendero seguro y consistente —suavemente trazado por el bolígrafo del otro extremo—?

Como vemos, estamos ante mucho más que un simple artilugio que nos sirve como ayuda para meditar.

(6) Y eso no es, ni de lejos, todo. Junto con la transformación de mi visión (que pasa de ser circunferencial a ser radial) se produce también la abolición de toda distancia entre mí mismo y cualquier otra cosa, sea lo que sea. Vistos desde aquí, desde este punto, todos los radios colapsan y su distancia se vuelve 0, lo que equivale a decir que, gracias a las largas patas del compás de Dios, todas las cosas quedan englobadas, circunscritas, incluidas, todas son mías, todas me pertenecen por completo y, en realidad, son yo mismo. Así que a «El Dios eterno es tu refugio, y debajo están los brazos eternos»[2] ahora puedo añadir «¡y por encima están las piernas eternas!». ¡No es tan hermoso, pero resulta ciertamente muy útil!

Con el fin de ser tan precisos como sea posible en lo referente a la aplicación de estos descubrimientos en nuestra vida diaria, echemos un vistazo muy brevemente a las cuatro etapas de la vida. En primer lugar, como niños *recién nacidos*, tal como dice Wordsworth, «venimos a la existencia arrastrando jirones de la gloria de Dios, quien es nuestro Hogar». Y todo indica que el poeta estaba en lo cierto. Como Veedor radial, y aún no como «observador» circunferencial, el bebé no percibe ninguna distancia entre él y los objetos. No es raro verle agarrando y tocando la Luna. Al operar desde la aguja del compás de Dios, es el Espacio o la Capacidad inmóvil e ilimitada en la que las cosas van y vienen, y en un sentido muy real le pertenecen a él. Son, por así decirlo, de su propiedad. Por supuesto que todas estas cosas aún no están complicada e intrincadamente organizadas y el bebé es completamente inconsciente de la Divinidad desde la que vive.

En segundo lugar, el *niño pequeño*, si bien sigue operando a partir de la punta de la aguja que constituye su base divina, simultáneamente empieza a operar también desde el extremo móvil del bolígrafo (es decir, desde su faceta como persona,

---

[2] Deuteronomio 33:27. (*N. del T.*)

como ser humano). Al comenzar a verse a sí mismo como
«Jack, que "ve" a Jill», se va uniendo progresivamente al «club
humano». Pero, por desgracia, esta maravillosa mezcla de Dios
y hombre dura muy poco.

Lo que da lugar a la aparición de la tercera etapa de su vida,
en la que se acerca a *la adolescencia y a la edad adulta*, la cual
deriva del hecho de abandonar la punta de la aguja para empezar a desparramarse por todas partes. Las consecuencias son
nefastas. Ahora el rumbo que sigue en la vida se tambalea. Ese
mundo inmenso que hasta hace tan poco abarcaba es el que
ahora le abarca a él, y ahí, perdido y extraviado, se convierte en
un extraño aislado y temeroso. El sentido de su vida (que hasta
ahora había sido su sólido enraizamiento en su Fuente divina)
se ha desvanecido. Si bien de algún modo aprende, con mayor
o menor brío y valentía, a lidiar con una existencia sin sentido,
la probabilidad de que se quede estancado en esta tercera etapa
(convirtiéndose así en un caso de interrupción del desarrollo)
es muy elevada.

La cuarta y última etapa es la del *veedor*, la de Aquel que
vuelve a abarcarlo todo, la de la Punta de la aguja central, la del
Uno que pone en movimiento todo lo periférico, la de quien, en
definitiva, ha aceptado la oferta que Dios le ha hecho para
unirse a Él en los dos extremos del compás y en todo lo que
queda entre medias (como indica a grandes rasgos el Cosmap).
Bueno, no puedo hablar por ti, pero a mí el hecho de que la
Divinidad haya recurrido a un artilugio tan humilde como un
compás para llevar a cabo la labor tan especial que ha realizado
con la humanidad me resulta extraordinariamente sorprendente y conmovedor. Además, contrasta de un modo extraño con
toda esa teología sutil, compleja y en gran medida abstracta a la
que estamos acostumbrados.

Tampoco, dicho sea de paso, es que este «descenso divino»
sea único o exclusivo de este objeto. Estoy pensando, por ejemplo, en su «espejo», o en su «túnel», importantes dispositivos a
la hora de revelar a Dios que ocupan un lugar destacado en
otras partes de mi obra. Él, Aquel que se crea y se da forma a sí

mismo —por no mencionar los incontables universos en perfecto estado de funcionamiento a los que ha dado lugar—, cuenta
con este conjunto de herramientas tan extraordinarias. Unas
herramientas que merecen que les prestemos una especial
atención.

¿Por qué? ¡Pues porque es nuestro juego de herramientas especiales para devolverle el cumplido y darle forma a Él! Dios
está encantado de que así lo hagamos.

16

El sutra[1] de la esencia cristalina

¡Hombre, hombre orgulloso!,
revestido con una minúscula y breve autoridad.
que lo que más ignora es aquello
que en él es más seguro,
su esencia cristalina.
Cual mono enojado,
se dedica a realizar ante el cielo
trucos inverosímiles
que hacen llorar a los ángeles

SHAKESPEARE, *Medida por medida*

ALABADO SEA EL NIRMANAKAYA, el Cuerpo de transformación que el Compasivo asume entre los humanos para salvarlos del desastre. Esto he oído:
El Bendito estaba sentado solo en un alto, absorto atemporalmente en la Iluminación sin parangón. Abajo, pasaron los eones. Finalmente, una gran comitiva de *bodhisattvas*, seres eminentes y sabios, fueron a visitarle. Consciente de los rigores

---

[1] El término sánscrito *sutra* significa 'escritura sagrada'. El budismo *mahayana* del Tíbet, China, Corea y Japón no es un sistema cerrado. No reconoce ningún canon de escrituras fijo, por lo que cualquier adición que se proponga a su larga lista de sutras se juzga por sus méritos intrínsecos. Aquí he seguido más o menos su forma típica altamente estilizada, en la que el Bendito, por supuesto, es el Buda que todos somos real y verdaderamente.

de su viaje y del desasosiego que los movía, les concedió audiencia inmediatamente.

Su portavoz, el venerable Ananda, empezó diciendo:

—Señor, estamos profundamente preocupados. El mundo de los hombres se está volviendo loco. El orgullo les consume. Todos quieren tener autoridad y poder sobre sus vecinos, todos ellos se entregan al burdo autoengaño que no conduce más que a luchas suicidas y aflicciones. No contentos con comportarse como monos, se están comportando como los monos podrían comportarse si se volviesen locos. Y todo porque carecen de la bendición de Vuestra santa Presencia entre ellos. Ha llegado el momento, Señor, de que derraméis vuestra infinita compasión sobre estas criaturas enajenadas. Os suplicamos que descendáis de las alturas y os mostréis disponible a todos para así poder salvarles de ellos mismos.

El Bendito se mostró conforme:

—Llevo demasiado tiempo siendo remoto e inaccesible. Ciertamente ha llegado el momento de que adopte forma corpórea. Dondequiera que se encuentren estas personas, Yo estaré ahí entre ellos. Además, dispondrán de una forma infalible de reconocerme. Tan diferente será este Cuerpo mío de los suyos que ni los más ciegos y descuidados de ellos podrán evitar distinguirme de inmediato.

Al oír sus palabras, los *bodhisattvas* se sintieron alborozados, encantados, agradecidos y muy curiosos. Postrándose ante el Honrado por el Mundo, preguntaron:

—Decidnos, Señor, ¿cuál es esa forma especial que tomaréis, cuáles serán las marcas distintivas del maravilloso Cuerpo de transformación que adoptaréis para rescatar a la humanidad?

—Me convertiré en un cíclope —respondió—, ¡en un ser con un solo ojo! Todas las personas se mirarán y se entreverán unas a otras a través de un par de pequeñas mirillas, ¡pero Yo miraré fijamente y con los ojos completamente limpios desde una única «ventana» sin marco, gigantesca e inmaculada! Eso debería hacer que Yo destaque de un modo tan prominente que hasta pueda resultar embarazoso.

El Bendito cumplió su promesa de inmediato. Asumiendo esta sorprendente y única forma, apareció entre los humanos en todas partes y en todo momento. ¡Pero nadie se percató de ello! ¡La gente siguió pasando por alto la divina Singularidad, el Cíclope que moraba en medio de ellos! Los *bodhisattvas*, asombrados y desconcertados, apenas podían creerlo:

—¿Veis lo absortos y descuidados que son los humanos? —imploraban entre lamentos—. Tendréis que adoptar otra forma aún más drástica si queréis tener la más mínima oportunidad de despertarlos y de llamar su atención.

El Bendito se sintió tan consternado (por no decir exasperado) por la noticia que sin mediar palabra desenvainó su gran espada *vajra* y se cortó la cabeza, Ojo Único incluido:

—Como este Ser menguado pero todavía muy vivo —exclamó— ¿cómo podría no destacar de entre todos esos otros cuerpos no menguados? Como este Ser Único que ve ahí donde no hay ojos, que oye ahí donde no hay oídos y saborea y habla ahí donde no hay lengua, ¡a buen seguro seré la Maravilla del Mundo!

¡Pero no! Aunque cueste creerlo, las únicas personas que advirtieron (y que se atrevieron a señalar con el dedo la Herida semicircular perfectamente curada que Él se había infligido a sí mismo) fueron algunos niños de los que se rieron y un puñado de adultos. Un puñado tan sumamente escaso que se perdió como lluvia pasajera que cae en algún lugar perdido del océano salado.

Sus consejeros estaban desesperados. Lo único que pudieron hacer fue implorar al Bendito que remodelase una vez más su Cuerpo de transformación, a ser posible de un modo igual o incluso más sorprendente y radical que el anterior, para así asegurarse de atraer la atención de los humanos en cualquier lugar, situación y circunstancia. Y una vez más, accedió a su petición gentilmente y, tras considerar el asunto detenidamente, se decidió por adoptar las siguientes medidas adicionales:

—Para empezar, me pondré cabeza abajo. Habréis observado que la gente tiene la cabeza arriba, el cuerpo un poco más abajo y los pies en la parte inferior de la imagen. Pues bien, ¡yo estaré justo al revés! Mis pies se elevarán hasta la parte superior, seguidos por mis piernas, mi torso, y finalmente mi No-cabeza abajo del todo. Con eso debería bastar para que la gente se detenga y advierta mi presencia.

»Sin embargo, para estar completamente seguro, insistiré en recibir tratamiento vip allá donde vaya. Por ejemplo, cuando esté en la orilla del mar, la alfombra de luz resplandeciente y fulgurante del sol levante o poniente se desplegará únicamente entre él y Yo mismo. Jamás conducirá a nadie más. Todas las líneas verticales, como las esquinas de la habitación en la que me encuentro, rendirán visible homenaje a mi presencia convergiendo en mí. Mi cuerpo será mucho más grande que los de los humanos que me rodeen (en cierto sentido, del mismo modo que el rey de sus pinturas antiguas, que aparece representado mucho más grande que los sirvientes y cortesanos que rodean a su majestad). Además, siempre estaré en el mismísimo centro y corazón de todas las cosas y jamás permitiré que nadie me aparte a un lado.

»De hecho, me mantendré en el lugar donde no puede haber cambio, ni tiempo, ni muerte, en la única región verdaderamente atemporal que existe. Mientras que cualquier otro sitio tiene su propia zona horaria, sus calendarios y sus relojes, nada de eso estará permitido en el lugar que Yo ocupe. Haré que cualquier reloj que se acerque a mí se hinche mágicamente, que se oscurezca y se vuelva tan borroso que se vuelva ilegible, y finalmente, cuando llegue justo donde estoy, completamente inexistente. Prometo que dondequiera que la gente se encuentre, ahí, entre ellos, habrá un lugar que visiblemente detendrá todos los relojes. Encontrar ese lugar será encontrarme a mí, el Inmortal.

»Puede que penséis que todo esto está muy bien, ¿pero qué tal algo realmente espectacular? Pues que así sea. Haré alarde hasta el límite de mis poderes divinos y mostraré sin piedad la debilidad de las criaturas que me rodean. Este Decapitado estará siempre rediseñando, destruyendo y recreando el mundo en un abrir y cerrar de ojos, al instante y a voluntad. ¡Qué diferente de esas criaturas con cabeza que, tanto si miran hacia arriba como si miran hacia abajo, dan vueltas, abren o cierran las mirillas que tienen por ojos, son completamente incapaces de modificar la escena ni un ápice!

»Pero, por supuesto, todo esto podría interpretarse como algo cruel, malintencionado y despiadado. Para quitaos de encima esa idea me acercaré muchísimo a todo el mundo, no me mantendré alejado absolutamente de nadie. Mientras que todas esas criaturas que me rodean mantienen sus distancias medibles una de la otra (cada una de ellas ignorando o volviendo la espalda a las demás), yo no estaré a ninguna distancia de ninguna de ellas. Cuando se extienda entre ellos y yo, reduciré hasta la cinta métrica más larga que se pueda imaginar a nada, a visiblemente nada, a un punto, y así lo atraeré todo hacia mí, irresistiblemente, en la historia de amor más grandiosa y colosal de todos los tiempos.

»Bien —concluyó el Bendito—, ¿qué más podría hacer para ganarme su atención, su mente y su corazón? Probemos a aplicarles todo este paquete de medidas, oh, venerables *bodhisattvas*.

Estos obedecieron. El mensaje fue proclamado por doquier, pero, por supuesto, no pasó gran cosa. Unos pocos, muy pocos, recibieron y abrieron el paquete, y la ya difícil y complicada condición de la humanidad no hizo sino empeorar. Los *bodhisattvas* no daban crédito, estaban perplejos, tan conmocionados que se habían sumido en una especie de trance vaporoso en el que, atónitos, solo alcanzaban a parpadear ojipláticos.

Todos excepto Ananda, que se agitaba con tanta violencia que el Compasivo le preguntó:

—Ananda, ¿te encuentras bien?

Por un momento, parecía que Ananda era incapaz de hablar, pero luego soltó a toda prisa:

—No lo ven. No lo entienden y yo sé a qué es debido. No lo comprenden porque lo que es diáfano y claro como el mediodía para todos nosotros, los *bodhisattvas*, para ellos es oscuro como la más oscura noche, impenetrable, incognoscible. ¡Oh, sí! No lo ven porque están ciegos al hecho más real y visible de todos, el hecho de que ENTENDERLO ES SERLO Y VERLO ES CONVERTIRSE EN ELLO, y no hay otra manera. LA ÚNICA MANERA DE VERLE ES SER ÉL, Y LA ÚNICA MANERA DE SER ÉL ES VERLE. ¡Ansío con todas mis fuerzas proclamar esta buena nueva un millón de veces en un millón de lugares!

Una vez que se hubo sacado esto del pecho, Ananda se detuvo unos instantes para tomar aliento, con lo que sus temblores se calmaron un poco. Luego continuó hablando tan rápido como antes (dirigiéndose, al parecer, a los humanos en general):

»¿Cómo podríais encontrar jamás su Ojo Único sin mirar desde él, sin ver el mundo a través de él? ¿Cómo podríais encontrar su Cuerpo truncado de transformación sin adoptarlo personalmente y ser ese mismísimo Cuerpo? ¿Cómo podríais ver todas esas otras cosas maravillosas que Él es y hace sin daros cuenta de que vosotros mismos ya estáis siendo, haciendo y viviendo desde esas mismísimas cosas? No, por supuesto, porque os merezcáis o porque os hayáis ganado ni siquiera una ínfima parte de todo esto, sino simplemente porque Él, en su infinita compasión, os lo ha otorgado, os ha investido con ello, os ha creado de ese modo.

—Cálmate, Ananda —medió el Bendito con dulzura— y cuando estés listo explícanos con más claridad a qué te refieres.

Ya mucho más sereno, Ananda prosiguió, sin dejar, por lo que parece, de dirigirse a la raza humana:

—¿De qué estáis más seguros? Con certeza no de aquello que estáis mirando, que, hasta donde sabéis, bien podría ser un sueño que estáis teniendo despiertos y, en cualquier caso, no es más que una diminuta fracción de todo lo que se supone que hay ahí para ver. ¡No! ¡No es eso! ¡No es eso! ¿De qué podríais estar realmente seguros sino es de lo que sois intrínsecamente, de lo que hay JUSTO DONDE SOIS LO QUE SOIS?

Ananda volvió a detenerse en seco, aún un poco agitado. Los demás, tras de haberle dado un pequeño descanso, le suplicaron que completase su mensaje. Así lo hizo, del siguiente modo:

»Mira ahora y VE que lo que es central para ti, Aquello desde lo que estás mirando, tu misma Esencia, es completamente transparente y se extiende sin fin en todas direcciones, que es perfectamente clara, cristalina, diáfana, inmutable. Y que, además, está vívidamente consciente de sí misma como Esto, como lo que es por excelencia, por antonomasia. Y todo Esto le pertenece a Él, Esto es Él y Esto es LO QUE tú eres justo donde eres lo que Él es. Y tú y Él sois Uno para siempre, por los siglos de los siglos y por toda la eternidad. Aquello que hasta el momento más ignorabas es ahora de lo que más seguro puedes estar: tu Esencia Cristalina. Y ya no corres el riesgo de seguir comportándote como un simio enojado.

Con esto, los temblores de Ananda se calmaron por completo y su fiebre (si es que era fiebre) desapareció abruptamente. Y, a modo de conclusión, el Bienaventurado mismo agregó con gracia:

—Y si tú, que de lo que más seguro estás ahora es de NUESTRA Esencia Cristalina, no te dieses cuenta de que tu «solitario» ver en dicha Esencia puede y debe, de alguna manera y en algún momento, atraer a un número incalculable de tus semejantes humanos a esta dichosa visión, permíteme recordarte que tu visión no es otra que la mía. ¡A ver quién se atreve a ponerle límites a eso!

17

Las diecisiete tesis

Lo real permanece velado para nosotros,
pero lo falso se revela como verdadero.

Yoga Vasishtha

Conoceréis la verdad,
y la verdad os hará libres.

JUAN 8:32

TODOS LO ESTAMOS HACIENDO BIEN, todos vivimos desde nuestra Verdadera Naturaleza, firmemente enraizados en la realidad, perfectamente iluminados. Durante sesenta años he estado pensando y escribiendo con toda seriedad sobre este sorprendente hecho, así como compartiéndolo con cualquiera que se mostrase dispuesto a escucharme. Y entonces... ¡el mazazo! ¡La extraordinaria verdad y la alegría de esta verdad me impacta por primera vez! Permíteme que intente transmitirte parte de mi sorpresa y mi deleite.

Por extraño que parezca, esta revelación me sobrevino en lo que, en principio, parecía ser el momento menos propicio. Estaba acostado en el hospital con la cadera rota y una pierna contorsionada. Y, por si no fuese suficiente con eso, también tenía el estómago hinchado y dolorido. A todo eso hay que añadirle noventa y tres años de batalla y desgaste.

Eran malas noticias y yo lo pasé verdaderamente mal. Y hablando de malas noticias, ¿acaso hay alguna que sea buena? No hay más que encender la televisión o echar un vistazo a los titulares de los periódicos. El estado en el que se encuentra nuestra especie actualmente no podría resultar más atemorizante, más conminatorio. Pareciera que el hombre está verdaderamente descalabrado, como poseído por el demonio, y este hombre en concreto no es en absoluto una excepción.

Pero lo cierto es que apostaría mi vida eterna y todo lo que más valoro a que en realidad estamos poseídos por Dios y nuestra pretendida posesión diabólica es la más perversa de cuantas ficciones diabólicas hayan existido nunca.

«¡Pruébalo!», te oigo decir. Bueno, aquí tenemos no menos de trece pruebas de que en verdad estamos poseídos por Dios, imbuidos de Él. Independientemente de lo tontos, débiles o perversos que seamos, afirmo que:

(1) Nos resulta *imposible* no desvanecernos en favor de la persona a la que nos estemos dirigiendo. Nadie puede evitar dar su vida misma por el otro. La confrontación no es más que una estruendosa y colosal mentira.

(2) Nos resulta *imposible* meternos en una caja, amurallarnos, llegar a encontrar ningún límite en absoluto.

(3) Nos resulta *imposible* cosificarnos a nosotros mismos, no ser inmaculados, sin mancha, cristalinos, no estar absolutamente vacíos para llenarnos con lo que sea que esté a la vista.

(4) Nos resulta *imposible* rechazar nada, negarnos a incorporarlo. Estamos condenados a explotar, a ser todas las cosas porque, nosotros mismos, no somos ninguna cosa.

(5) Nos resulta imposible no decir categóricamente «Yo», esa primera persona del singular en tiempo presente que es el Yo Uno.

(6) Nos resulta *imposible* conducir nuestro coche sin, de hecho, no conducirlo en absoluto y, en su lugar, conducir todo el paisaje, el universo entero.

(7) Nos resulta *imposible* no ser el Uno que asume el dolor del mundo, pues solo aquí es posible sentirlo.

(8) Nos resulta *imposible* no vivir desde el verdadero Centro del universo.

(9) Nos resulta *imposible* no abolir la distancia y coincidir exactamente hasta con la estrella o la galaxia más lejana.

(10) Nos resulta *imposible* no abolir el tiempo; ahí donde no hay nada que cambie tampoco hay modo alguno de registrar el tiempo, ni, para el caso, tiempo alguno que registrar.

(11) Nos resulta *imposible* experimentar el inicio, la interrupción o la desaparición de la conciencia. Estas tres cosas son falsas porque el tiempo aparece en el seno de la conciencia, pero la conciencia no está contenida dentro del tiempo.

(12) Nos resulta *imposible* no ver a partir del ilimitado e indiviso Ojo del Veedor Único, y solamente desde ahí.

(13) Nos resulta *imposible*, como resultado de ver a partir de ese Ojo Único, no ejercer su poder para destruir y volver a crear el mundo a voluntad.

Y, por si esta plétora de pruebas que demuestran nuestra divinidad —es decir, nuestra posesión divina— no fuera inconmensurablemente más que suficiente, aquí tenemos cuatro evidencias adicionales:

(14) Cuando estamos en la orilla del mar al amanecer o al anochecer, es *imposible* que la alfombra de luz dorada del sol no se despliegue apuntando única y exclusivamente hacia nosotros.

(15) Es *imposible* entrar en una habitación cuyas líneas verticales no converjan en realidad en ese Infinito que somos.

(16) Es *imposible* extender los brazos y no abarcar el mundo entero.

(17) Es *imposible* no transformar instantáneamente cualquier silla en la que nos sentemos y convertirla en el trono único del Uno, de Dios.

Diecisiete pruebas en total, ¡y eso que con tan solo una de ellas habría bastado para persuadir a cualquier criatura razonable de su divinidad esencial!

¿Qué tienen que decir los grandes sabios y veedores sobre este asunto crucial? Tomemos, por ejemplo, a Eckhart. Por una parte estaba en lo cierto, pero, por otra, se equivocaba. Una y otra vez nos repite incondicionalmente que el verdadero hogar del Dios viviente está en nuestro mismísimo centro, del cual nuestra humanidad —nuestra cualidad humana— está absolutamente excluida. Dios está adentro, Eckhart está afuera.

Nos insta a ponernos las zapatillas de saltar y pegar un brinco hasta Dios sin importar quién seamos, lo desastrosos o lamentables que podamos ser como humanos. Sí, pero en otras partes de su obra habla del nacimiento de Dios en el alma como una adquisición, como algo que depende del comportamiento que tengamos y de los méritos que acumulemos:

> Este nacimiento puede tener lugar en nosotros y consumarse en el alma virtuosa siempre que Dios Padre le comunique su palabra eterna al alma perfecta. Porque lo que digo aquí debe ser entendido como el hombre bueno y perfeccionado que ha caminado y sigue caminando por los senderos de Dios, no como el hombre natural e indisciplinado, pues este se haya totalmente alejado de este nacimiento y es completamente ignorante de Él.

Por supuesto, Meister Eckhart (a pesar de tales aberraciones) fue uno de los mayores veedores del mundo, y nunca me canso de leer sus incomparables sermones. A continuación presento una pequeña muestra de sus mejores enseñanzas:

> Dios penetra en el alma por completo, no solo parcialmente.

> Este nacimiento se produce tanto en los pecadores como en los santos. [...] Tan solo hay que prestar atención.

> Dado que la naturaleza de Dios es no parecerse a nadie, he de convertirme en nada para poder penetrar en su Naturaleza.

Por mi parte, sostengo que todos estamos ya viviendo desde esa Presencia divina central, y que lo hacemos perfectamente bien, sin fluctuación posible. ¡Perfectamente! Perfectamente sin importar lo conscientes o ignorantes que seamos de ello ni el comportamiento que tengamos. Desafío a cualquiera a que intente apartarse, aunque no sea más que por un milímetro, de las diecisiete evidencias que hemos visto.

Mi segundo ejemplo es el gran sabio indio Ramana Maharshi. Es indudable que sus enseñanzas fueron muy variadas, pero en la cuestión central de lo que yo denomino nuestra «posesión divina» se mostró tan consistente como insistente. Por ejemplo:

> ¿Qué podría ser más concreto que el Yo mismo (el Uno)? Forma parte de la experiencia que tenemos a cada momento.

> No hay nada más simple que ser el Yo mismo. No requiere ningún esfuerzo, ninguna ayuda. Tan solo hemos de abandonar nuestra falsa identidad y morar en nuestro estado eterno, natural e inherente.

> *Discípulo*: ¿Qué has sacado de todos tus años de penitencia?
> *Ramana*: He sacado lo que tenía que sacar. Veo lo que hay que ver.
> *Discípulo*: ¿Todos podemos ver eso mismo?
> *Ramana*: Yo solo veo lo que todos ven. Es inmanente en todo.

> La gente no comprende la cruda y simple verdad de su experiencia cotidiana, de su experiencia eterna y siempre presente.

Respecto a esto, tengo una duda. ¿A qué se debe que de los miles de discípulos que tuvo Ramana, tan solo un puñado pasaran de ser discípulos a convertirse en sus camaradas, en sus iguales? Y ¿lo hicieron por la simple razón de que tomaron en serio sus palabras y entendieron que lo que ellos veían no era ni más ni menos que lo que él veía? En los últimos cuarenta años he conocido, tanto en su *ashram* del sur de la India como en Europa y América, a cientos de sus discípulos, pero hasta ahora no he encontrado a nadie que afirmase compartir su visión. De una forma u otra, todos me dicen que solo él llegó a alcanzar esa experiencia trascendente. Incluso durante su vida, el sabio les dejaba marchar con esta perversión casi universal de su mensaje esencial, dejaba que siguieran pretendiendo lo imposible.

¿A qué se debe que las cosas saliesen tan terriblemente mal? Hay cuatro razones. En primer lugar, Ramana había pagado un alto precio en términos de sufrimiento físico por algo que, a fin de cuentas, resultó que ya le pertenecía de todos modos, y la gente se imagina que, a pesar de todas sus garantías de lo contrario, tienen que pagar el mismo precio. En segundo lugar, debido a la enorme carga de tradición, que hace que parezca que la visión es el más raro y poco probable de los logros. Tercero, porque él toleraba la mentira de que estamos, como yo mismo lo he expresado, «poseídos por el demonio». No le declaró la guerra total a algo que es tan obviamente falso y pernicioso, sino que se contentaba con presentar alguna que otra protesta diplomática, por así decirlo.

Y la última de estas razones es la más importante, por lo que quiero desarrollarla con más detenimiento. La Segunda Guerra Mundial nos proporciona una analogía excelente. Gran Bretaña y Francia protestaron por el saqueo que Alemania llevó a cabo en Checoslovaquia y Polonia, pero sus quejas fueron en balde. Su condena pasiva se limitó a asumir una paridad —incluso una paridad moral— entre estados soberanos. Finalmente declararon la guerra, pero la guerra fría que resultó de aquello no hizo nada para desafiar esa paridad y detener la putrefacción. Únicamente cuando estalló la guerra de verdad, la guerra «en caliente», se hizo evidente la absoluta disparidad moral que existía entre ambas facciones, y aquello fue el principio del fin. Lo que disparaban ahora ya no eran armas verbales, sino munición real y específica dirigida contra objetivos reales y específicos. Si bien aún bastante lejana, la victoria ya estaba en camino.

Como vemos, Gran Bretaña y sus aliados transigieron una y otra vez con el enemigo, hasta que al final se mostraron duros y contundentes para imponer su postura. Eso es algo que los sabios y los veedores aún no han hecho. Eckhart tuvo sus roces con la Iglesia, pero no hizo demasiado para combatir su dominación, ni tampoco hizo nada para cuestionar los muchos engaños y falacias que habían tomado forma tanto en el lenguaje como en otros importantísimos aspectos socioculturales. En cuanto a Ramana Maharshi, resulta difícil, si no imposible, separarle de su venerable cultura hindú.

Sea como fuere, la guerra total ya ha sido declarada, y el enemigo se bate en retirada, al menos en la primera línea del frente. Alrededor de veinte potentes armas se están desplegando contra veinte tipos diferentes de objetivos, de ficciones sociales, con total éxito. Y por *armas*, me refiero a cosas físicas que hay que coger, mover y desplegar, cada una a su modo especial, como si de armas, tanques, aviones o buques reales se tratase. Cada una de ellas ha sido especialmente diseñada para destruir un tipo concreto de objetivo. Son lo que solemos denominar nuestros *experimentos* o *tests*, y entre ellos encontramos el tubo, la cartulina, el espejo, las gafas, el dedo que apunta hacia aquí, el coche que conduce el mundo, los mapas, etc.

Por lo general, solemos recurrir a estas herramientas para comprobar nuestra divinidad —nuestra «posesión divina»— a la hora de estructurar los talleres (en los cuales puede haber desde diez participantes hasta más de dos mil a la vez), y también para mostrar su verdadera naturaleza a cualquiera que pregunte ocasionalmente. Los siguientes aspectos dan fe de su efectividad:

(a) Cualquiera que realice los experimentos de forma consciente puede ver claramente su divinidad esencial. Estrictamente hablando, con tan solo uno de ellos es más que suficiente para mostrársela, pero realizando más contribuimos a fijar el mensaje y, por otro lado, cada persona tiene sus preferencias. Por supuesto, lo que cada uno haga después con su descubrimiento ya es cosa suya. Puede que nos lleve mucho tiempo alcanzar la victoria, pero en un sentido más fundamental (como he demostrado) la guerra ya está ganada.

(b) Los experimentos son activos, en ellos no nos limitamos a hablar sobre esto y aquello, sino que tenemos que hacer cosas, y esa es una de las razones por las que producen resultados, a veces sorprendentes.

(c) Constituyen una buena psicología. Dile a alguien que está haciendo algo muy bien (en el caso que nos ocupa, perfectamente bien) y este estará encantado de seguir haciéndolo. En cambio, dile que lo está haciendo muy mal y lo abandonará de inmediato.

(d) En verdad estamos rodeados por una asombrosa cantidad de bondad. El amor desinteresado y la generosidad no hacen más que brotar por doquier. Pero cuando nos damos cuenta de dónde provienen, no nos sorprende.

(e) Puesto que todo el mundo es verdaderamente perfecto en el Centro, en esto no hay posibilidad de establecer élites ni de que aparezcan jefes espirituales. Tenemos —o deberíamos tener— el mismo respeto hacia todos los humanos.

(f) Los descubrimientos que revelan los experimentos son totalmente compatibles con la ciencia.

(g) El corazón del universo es firme y sólido. Las verdaderas noticias son buenas noticias, noticias increíblemente buenas.

Jesús reprendió al hombre que le llamó «Buen Maestro». «Solo Dios es bueno», le aseguró. Sin embargo, en otro pasaje nos dice que «seamos perfectos, así como nuestro Padre celestial es perfecto». ¿Cómo conciliar estas dos afirmaciones? De esta manera: nuestras diecisiete perfecciones (con otras más, sin duda, en la recámara) son en realidad Dios Padre derramándose sobre nosotros por su gracia divina, y ya es hora de que comencemos a derramar también nuestros corazones como muestra de gratitud hacia Él y, después, vivir en consonancia con esa comprensión.

18

Juegos de pelota

ROBIN MOULSDALE ES UN BUEN AMIGO y un dedicado veedor de su Verdadera Naturaleza. Su meditación adopta la forma de juegos de pelota en general y, en particular, del golf. Así es; mientras que su principal pasatiempo es la observación de aves, los juegos de pelota, por así decirlo, estructuran su vida espiritual. Por eso, cuando recientemente se quedó en nuestra casa un par de días, pudimos entretenerle con los honores que merece.

Me explico. Nuestra casa, situada en Suffolk, linda con los amplios lodazales de nuestro querido río Orwell, en los cuales abunda la ruidosa cháchara de muchas especies de aves zancudas. Además, dio la casualidad de que la visita de Robin coincidió con la final de maestros de billar inglés disputada entre Hendry y Williams (y que ganó el segundo). Así pues, ¡una doble alegría para Robin!, cuya casa en Shropshire, si bien tiene la suerte (¿o debería decir la desgracia?) de contar con una tele, no hay en torno a ella nada que se parezca a una ribera fluvial.

Por si todo este entretenimiento fuese poco, Robin y yo tuvimos un conversación apasionante sobre un tema ciertamente crucial. Tal vez nuestras conclusiones podrían resumirse de esta manera: ambos estábamos francamente de acuerdo en que *espiritualidad* es un término terriblemente engañoso que adopta innumerables formas, la mayoría de las cuales, por regla general, se consideran (aunque erróneamente) por completo seculares y nada espirituales. No tenemos la costumbre de atribuir a los diez mejores maestros de billar inglés una espiritualidad que esté al mismo nivel que la propia, o que incluso sea superior. En ese sentido, digamos que Williams no corre ningún peligro de ser canonizado. Y sin embargo, *¿por qué no* *podría serlo?* Cuando está en forma y se encuentra, como se suele decir, en «la zona», sus largos tiros y su manera de colocar las bolas de modo que su contrincante no pueda jugar directamente sobre ninguna bola roja resultan tan milagrosos (y, sin duda, mucho más abundantes) que los milagros que la Iglesia católica interpreta como prueba de santidad. Según he oído, casi todos los maestros de billar inglés practican durante horas todos los días. ¡Eso sí que es dedicación! Además, del mismo modo que los santos cuentan con sus devotos, los maestros de billar inglés también tienen sus admiradores. Ronny O'Sullivan y Jimmy White, por ejemplo, llenan enormes gradas de espectadores que les idolatran y que permanecen atentos a las sutilezas de cada tiro. Esto es algo que me recuerda a los tiempos medievales, cuando la búsqueda de reliquias de los santos y de objetos sagrados en general era una industria importante (disponer de los restos sagrados de la cruz de Cristo debe haber requerido la tala de bosques enteros...). Por supuesto que las cosas han cambiado mucho desde aquellos días lejanos. O quizá no tanto. Me pregunto cuánto estaría dispuesto a desembolsar un ferviente fan de Ronny O'Sullivan por el taco con el que ganó la final del torneo Benson & Hedges debidamente autografiado, con su estuche y el emblema del maestro.

Ahora añadamos a toda esta criptoespiritualidad la fuerte impresión que tengo cuando veo a estos maestros (sí, a mi esposa y a mí nos encanta ver torneos de billar inglés en la tele) de que su estilo de vida ha dado lugar a lo que podríamos llamar «personajes rudos y fuertes», tan acostumbrados a disfrutar de alguna victoria ocasional como a soportar un sinfín de derrotas. Considerando todos estos factores en conjunto, ¿qué tienen los santos que no tengan los maestros de billar inglés? Nada, salvo *conciencia de su propia santidad* (una característica que la propia conciencia excluye de la verdadera santidad).

Es cierto que la forma que adopta la práctica pseudoespiritual de los maestros de billar inglés puede describirse como peculiar y arbitraria, pero tampoco más peculiar y arbitraria que la forma que Robin Moulsdale tiene de jugar al golf.

Y ciertamente tampoco más que el budismo de la Tierra Pura, el cual cuenta con un gran número de seguidores en Japón. Estos creen incuestionablemente que por el simple hecho de tener fe en el *bodhisattva* Amida y rezarle se aseguran un renacimiento fácil y seguro en el Paraíso Occidental, así como alcanzar el *nirvana.*

En el extremo opuesto encontramos la plegaria «Señor, ten piedad de mí, un pecador» que recitaba el así llamado Peregrino Ruso día y noche incesantemente hasta que las palabras, por así decirlo, se repetían a sí mismas de forma automática. Cabe preguntarse si tras tantas repeticiones seguían teniendo algún significado. Pero, en todo caso, no me digas que esta práctica es más espiritual que la práctica del billar inglés de Ronny O'Sullivan.

En realidad, lo que importa no es la forma que adopta nuestra práctica «espiritual», sino el espíritu con el que la llevamos a cabo. Las formas en las que se traduce la verdadera espiritualidad son muy variadas, pero el espíritu es exactamente el mismo en todo el mundo. Permanezcamos despiertos a este hecho y así descubriremos que nuestra preciosa noción de lo que es la espiritualidad ha reventado sus ataduras y se ha convertido en un fenómeno mundial que presenta un millón de facetas diferentes. Si nuestra meditación estuviese basada en un mero cacareo repetitivo sin sentido, no supondría ninguna diferencia real siempre que nos aplicásemos a ella con la suficiente dedicación.

En cuanto a la forma concreta que adoptará nuestra propia práctica espiritual en el futuro, no hay manera de saberlo de antemano. Yo creo que toda criatura que dice «YO SOY esto, aquello o lo otro» —algo que, como señala Meister Eckhart, en realidad solo Dios puede decir— es un componente único e indispensable del universo de Dios. Puede que tengas que esperar un largo tiempo antes de descubrir cuál es tu verdadera contribución particular a la Totalidad. A mí me llevó treinta y tres años averiguar con certeza lo que había venido a hacer a este mundo. Y me resulta imposible exagerar la diferencia que dicho descubrimiento supuso en mi vida. De hecho, ha dado sentido a una existencia que, hasta entonces, carecía por completo de él. ¿No fue Platón quien dijo que no vale la pena vivir una vida sin sentido?

Pero ¡un momento! Para hacer justicia a los verdaderos santos y sabios, hemos de decir que tienen algo precioso de lo que los maestros de billar, como tales, carecen, y es la conciencia de su Fuente y de su unión con dicha Fuente, junto con una vívida y auténtica conciencia del milagro «imposible» de su auto-originación. Se podría decir que el hecho de que el maestro de billar ignore su santidad es un punto a favor que anula la desventaja que supone el hecho de que ignore su Fuente y su Origen. Supongo que lo ideal sería ser como Robin Moulsdale, quien feliz y alegremente combina su juego de pelota con su juego «espiritual».

Los juegos de pelota (o de bolas) son, con mucha diferencia, el tipo de juego más popular y diverso que existe. Las variedades que se me ocurren ahora mismo son: béisbol, petanca, críquet, cróquet, frontón, golf, *hockey*, *lacrosse*, canicas, bolos de madera, baloncesto, *rugby*, billar, fútbol, squash, voleibol y tenis, tanto de cancha como de mesa. Y sin duda hay muchos otros. Me pregunto qué tendrán de especial los juegos de bolas o de pelota para que sean tan sumamente populares y variados. Por ahora he encontrado las siguientes respuestas.

El precio de entrada que hemos de pagar para acceder al reino de los cielos es convertirnos en niños pequeños. De hecho, regresar a nuestra propia infancia, ¿y qué mejor manera de hacerlo que jugar con una pelota?

En su mito del origen de los sexos, Platón imagina que el hombre y la mujer estaban inicialmente unidos en una especie de pelota e iban por ahí rodando tan felices y contentos. Luego se dividieron a lo largo de una línea dentada y, por primera vez, estuvieron cara a cara, de modo que cada uno de ellos se convirtió, por así decirlo, en «medio humano». Desde entonces las partes cortadas pasan sus días buscando su «media naranja», y de vez en cuando consiguen encontrarla. Ahora los hombres y las mujeres son, como dice Shakespeare en su Soneto XCIV, «dueños y señores de sus rostros». En otros capítulos de este libro ya has tenido ocasión de leer (o estás a punto de hacerlo) mucho más sobre el tema de las caras y la confrontación «cara-a-cara».

Una pelota es un objeto excepcionalmente *simple* que consiste en una única cosa, en un único elemento, por lo que no está dividido, es sencillo y nada pretencioso. Como tal, es un símbolo y una manifestación particularmente adecuada del Uno que es la Simplicidad misma. Creo que fue san Juan de la Cruz quien dijo que solo Dios se puede ver perfectamente porque solo Dios es perfectamente simple. Y estoy seguro de que fue Carl Jung quien indicó que las cosas simples son las más difíciles. Y, por supuesto, también tenemos ese famoso pasaje de la obra *Cuatro cuartetos*, de T. S. Eliot sobre nuestra incapacidad para soportar demasiada simplicidad.

En mi fin está mi inicio, la rueda completa su ciclo y regresa al punto de partida y, como Edgar le dice a Gloucester en *Rey Lear*, «la madurez lo es todo». ¿Qué símbolo o qué expresión más apropiada de esta maduración podría haber que una pelota dando vueltas?

«La nada me trae todas las cosas», dice Timón en la obra de Shakespeare *Timón de Atenas*. ¡Es exactamente así! Una bola de billar profesional y bien equilibrada constituye una hermosa miniaturización de esta profunda aserción. De hecho, una bola así comprende, en primer lugar, un 0 (un cero) unidimensional, después un número infinito de círculos bidimensionales, cada uno de ellos ubicado formando un ángulo infinitamente pequeño con respecto a sus vecinos de ambos lados. El resultado conjunto de todo eso es la tridimensionalidad. ¡Eso sí que es magia!

Al igual que mi amigo inglés Robin Moulsdale, la espiritualidad de mi amigo estadounidense Michael Murphy también toma la forma del golf (Michael y yo trabajamos juntos en Esalen y en San Francisco durante la época del «haz el amor y no la guerra»). En su libro *Golf in the Kingdom* [«Golf en el reino de Dios»] (Latimer, New Directions) escribe:

> El golf se juega a muchos niveles distintos. Tomemos por ejemplo la fascinación que nos causa el vuelo de la pelota, la emoción de verla ahí, suspendida en el cielo. ¿Cuántos juegos dependen de ese sentimiento? El tiro con arco, el fútbol, el golf... ¿Alguna vez has sentido la emoción de ver una pelota volando hacia su objetivo? Por supuesto, la pelota volando *hacia* su objetivo es un símbolo. El vuelo de la bola, el hecho de verla colgando ahí, en el espacio, es un augurio de nuestro deseo de trascendencia. Nos encanta verla ahí arriba, y por eso nos gusta tanto lanzarla tan lejos. La bola en pleno vuelo nos trae recuerdos difusos de nuestro pasado ancestral y premoniciones del siguiente plano en el que nos manifestaremos. Hay algo místico en el estremecimiento que nos causa ver la bola sobrevolando el paisaje (especialmente cuando pasa por encima de un tramo de agua), y luego sobre el césped y dentro del hoyo. Algo en nosotros ama profundamente ese vuelo. ¿Y qué es este vuelo sino el vuelo del Único hacia el Único?
> [*He condensado un poco el texto de Michael*].

Brian Groves, un inglés amigo mío que ha pasado mucho tiempo entrenando a jóvenes jugadores de críquet, escribe:

> He de decir que después de leer *Head Off Stress* [«Sin cabeza no hay estrés»] (uno de los libros de Harding) y llevar a cabo los ejercicios que en él propone, mi forma de batear ha mejorado muchísimo. En un par de ocasiones en las que mis jóvenes aprendices me pidieron que saltase a la cancha porque les faltaba un jugador, he anotado cientos de puntos, algo que rara vez me pasaba en mis tiempos de juventud (ahora tengo sesenta y ocho años).

Por último, Lew Monte, un amigo mío sin cabeza, fue hasta hace poco uno de los mejores entrenadores de tenis de Estados Unidos.

Supongo que, como yo, te habrás maravillado al contemplar esas fotografías de la Vía Láctea que se asemejan a un gigantesco espolvoreado de la mejor harina en el que cada pequeña mota de fino polvo es una estrella. Estas fotos nos permiten hacernos una idea de los miles de millones de estrellas que forman el fabuloso universo de Dios. También nos dan una idea de los miles de millones de esas estrellas que sin duda se habrán convertido en sistemas solares y que contendrán formas de vida increíblemente distintas a la forma humana (con ojos, antenas, brazos y piernas brotándoles por todo el cuerpo). Un número incalculable de extrañas criaturas, muchas de ellas, sin duda, muy por delante de nosotros a nivel intelectual y espiritual, pero que al igual que nosotros, pronuncian en sus lenguas el equivalente a «YO SOY esto, aquello o lo de más allá». ¡Pero lo más maravilloso es que tú y yo, que somos capaces de ver nuestra Naturaleza Divina, también vemos la suya y, de ese modo, a pesar de todas las diferencias físicas, somos Uno con todas y cada una de ellas en el Uno!

Este fabuloso universo es el mismísimo «Juego de pelota» de Dios. Y cuando digo *Juego* me refiero a una operación tan seria y tan grave, tan drástica y rigurosa, que en ella acabó enamorándose de nosotros, sus criaturas, y el coste que para Él tuvo este Amor fue inconmensurable.

Y ahora todos nuestros pequeños juegos de pelota son subsidiarios o, por así decirlo, derivan de su propio Juego de pelota arquetípico del Amor. Su propósito es dirigirnos hacia Aquel que vive y ama en nuestro mismísimo corazón, como la Totalidad de su Ser estrictamente indivisible.

Lo que pretendo transmitir en este capítulo aparece muy bellamente expresado en el poema de Alicia Meynell, «Cristo en el universo», el cual termina con estas líneas:

> Pero en las eternidades,
> a buen seguro las compararemos juntos.
> Escucharemos en un millón
> de evangelios extraterrestres,

cómo Él holló las Pléyades, Lira, el Oso.
¡Oh, prepárate, alma mía
para examinar lo inconcebible,
para escanear las miríadas de formas de Dios,
esas estrellas que se despliegan
cuando nosotros, por nuestra parte,
les mostramos un ser humano!

Estamos hechos a imagen y semejanza de Dios, y de ello se sigue, como la noche sigue al día, que Él también ha sido creado a nuestra imagen, que somos, como nos recuerda san Pedro, partícipes de la Naturaleza Divina. No es solo que Dios vea finales de billar con tanto entusiasmo y fruición como nosotros, sino que su Universo muy bien se podría describir como «su partida de billar». ¿Cuántas veces no se habrá burlado[1] cruelmente de ti? Sí, pero si comprendes que en tu mismísimo Centro y Raíz eres Él en su Totalidad, a la postre eres un consumado maestro de billar, un finalista y, a buen seguro, todo un Ganador.

---

[1] El billar inglés también se conoce con el nombre de *snooker*, término derivado de *snook*, que significa 'burlar, engañar'. *(N. del T.)*

19

Ernst Mach & Co, Ltd.[1]

ESTE CAPÍTULO TRATA FUNDAMENTALMENTE sobre el profesor alemán Ernst Mach y lo que él mismo denominaba su «Diagrama». Sin embargo, en lo que a mí respecta, la historia empieza con un profesor inglés en una universidad inglesa y termina con otro profesor inglés en la misma universidad. La razón de este cambio de escena es que fui estudiante en la misma universidad inglesa desde 1927 a 1931, y allí fue donde, a través de mi contacto con el profesor Karl Pearson y su trabajo, acabaría —con el tiempo— topándome con la figura de Ernst Mach, a quien Pearson admiraba tanto como yo. Pearson escribió un libro en la serie de publicaciones «Everyman» titulado *The Grammar of Science* [«La gramática de la ciencia»] en el que reproduce el Diagrama de Mach, y yo le estaré tan eternamente agradecido a Pearson por haberlo hecho como a Mach por haber creado el Diagrama en primer lugar. ¿Por qué? Pues porque el así llamado *Diagrama* me cambió la vida. Aquí tenemos una copia del mismo:

---

[1] Ernst Mach y compañía, Sociedad Limitada. *(N. del T.)*

En mis tiempos de estudiante en el University College de
Londres (UCL) Karl Pearson era el profesor Galton de Eugenesia Nacional (antes de ocupar ese puesto había sido profesor de
Matemáticas Aplicadas y Mecánica en esa misma institución).
Recuerdo haber visitado su despacho y tropezarme con un
informe que hablaba de una familia cuyo apellido, si no recuerdo mal, era Jukes. Todos tenían taras físicas o mentales, pero
eran sumamente prolíficos. Esto desconcertaba a Pearson el
eugenista, quien pensaba que se debería hacer algo al respecto.
Todo esto ocurrió antes de la «limpieza racial» de Hitler, que,
por supuesto (y con mucha razón) le dio a la eugenesia la malí-
sima fama que tiene en la actualidad.

De todos modos, le debo a Pearson, repito, que me diese a
conocer a Mach, el hombre que supuso una gran diferencia en
mi vida al confirmar y completar con su Diagrama los planteamientos que, ya desde la infancia, habían sido la pasión
principal de mi vida.

Ocurrió de este modo. Por toda clase de razones, había llegado al convencimiento de que la clave de mis problemas y, por

lo tanto, también de mi sanación, estaba en girar la atención 180° y *mirar* y tomarme en serio aquello *desde lo que veía.* Estaba convencido de que en el mismísimo Centro de cada uno de nosotros radica nuestra cura, así como el remedio para la terrible angustia que padece nuestro mundo. Esa era, en efecto, mi profunda convicción, mucho antes de que me topase con el Diagrama de Mach.

Sí, pero estar convencido de algo no equivale en absoluto a verlo. En este sentido, el Diagrama de Mach me mostró lo que real y verdaderamente veo desde mi Centro, el cuerpo humano descabezado desde el que en realidad estoy mirando. Antes estaba ciego, pero ahora, gracias a Mach y a Pearson, su admirador, pude *ver*.

En rigor, no descubrí el libro *The Grammar of Science* con el Diagrama durante mi estancia en la UCL, sino mucho más tarde. Cuando, gracias a mi antigua conexión con su autor, compré el libro, tenía treinta y tres años y me encontraba prestando servicio como oficial de guerra de la Armada en la India. En el momento de escribir estas líneas tengo noventa y cuatro años, y los sesenta y un años que han transcurrido desde entonces hasta ahora (quitando algunos lapsos deplorables pero breves) los he dedicado a practicar y compartir mi propia versión (bastante diferente) del Diagrama con personas de todo el mundo. Gracias a algún milagro durante este tiempo también he logrado ganarme la vida (y bastante bien, por cierto) con una actividad secundaria e incidental. Mi instinto me dice que hay que atribuir dicho milagro a la Gracia divina, lo que resulta ciertamente muy poco «machiano».

Y es que Ernst Mach era un acérrimo detractor de la metafísica, la filosofía deductiva y, por supuesto, de todo dogma religioso. Para él no eran más que sandeces y tonterías, y en su opinión la única clase de filosofía que tenía sentido era la inductiva, la cual insiste en verificar por medio de la propia experiencia sensorial todas las proposiciones de la ciencia. Pero de eso hablaremos más adelante.

Entretanto, digamos unas pocas palabras sobre el hombre. Ernst Mach nació en 1838 en lo que hoy es Checoslovaquia y murió en 1916 en lo que hoy es Alemania Occidental. No tardó en convertirse en un eminente matemático, físico, filósofo y psicólogo experimental. En 1864 fue nombrado profesor de Matemáticas en la Universidad de Graz, Austria. Después, de 1867 a 1895, fue profesor de Física en la Universidad de Praga, y posteriormente, de 1895 a 1901, ejerció como profesor de Psicología Inductiva en la Universidad de Viena. Eso en cuanto a su carrera académica. Ya después de su fallecimiento, en la década de 1920, su obra contribuyó en gran medida a las ideas del así llamado Círculo de Viena, un influyente grupo de pensadores que sentó las bases del positivismo lógico, movimiento que llegó a disfrutar de gran predicamento en las universidades inglesas y estadounidenses. Y, por supuesto, se le conoce comúnmente por haber bautizado con su nombre al «número de Mach», el cual expresa la relación entre la velocidad de un avión y la velocidad local del sonido.

Por si todo eso fuera poco, se dice que también fue un conferenciante brillante y celebrado por la fuerza y la claridad con que presentaba sus ideas. En resumidas cuentas, era lo que se dice un erudito, un individuo que sobresalía en un amplio abanico de ciencias y artes. Y resulta que es una figura con la que no podría estar más de acuerdo y, al mismo tiempo, ¡con la que no podría estar más en desacuerdo!

Para empezar, te explicaré en qué coincidimos Mach y yo. Tal como yo lo veo, su postura (y la mía) es que si no hay forma de comprobar una proposición, no vale la pena siquiera intentar comprobarla, pues, en el peor de los casos, no será más que una tontería sin sentido y, en el mejor, una especie de lírica poética o de murmullo agradable para los oídos. Si es verdadero, demuéstralo, y si es falso, demuéstralo. ¿Y cómo se hace eso? Principalmente observándolo, pero también tocándolo, oliéndolo, probándolo si es posible, escuchando cualquier sonido que produzca. En otras palabras, percibiéndolo y prestándole atención con especial cuidado para saber exactamente qué es lo que se presenta ante los sentidos, estudiando los datos crudos, sin procesar, ciñéndonos a lo que verdaderamente estamos viendo, antes de que sea moldeado y distorsionado por completo para conferirle una forma socialmente aceptable, antes de que lo regularicemos y lo convirtamos en convencional —en ocasiones en un grado tal que se vuelve completamente irreconocible—.

Veamos un ejemplo de cómo Mach aplica su particular estilo de empirismo riguroso. Una vez que ha cerrado el ojo derecho, dibuja su Diagrama basándose en lo que se presenta ante su ojo izquierdo y describe lo que ve de la siguiente manera:

> En un marco formado por el borde de la ceja, la nariz y el bigote, aparece una parte de mi cuerpo, hasta donde alcanzo a ver, y también las cosas y el espacio que las circunda[2].

Como ya he dicho, tengo una enorme deuda con Mach por su Diagrama, pero he de decir que no es, ni de lejos, lo suficientemente radical. Él mismo rompió sus propias reglas, hizo trampas, amañó las cuentas. Y es que cerrar el ojo derecho equivale a interferir flagrantemente con los datos primarios. Lo más natural, lo completamente honesto, es no cerrar los ojos sino mirar el mundo como todos lo hacemos normalmente: a través de ambos ojos a la vez. De este modo podemos realizar el descubrimiento crucial de que para la primera persona se fusionan en un Único Ojo ilimitado.

Los resultados derivados de la incapacidad del profesor Mach a la hora de estar a la altura de sus propios principios fueron, a mi parecer, sorprendentes. Por ejemplo, dibujó una nariz artificialmente opaca en el lado derecho de esa «cara» que ya no tenía. Solo una probóscide muy grande y sólida. Mientras que, si hubiese mantenido ambos ojos abiertos, habría descubierto que en realidad tenía dos narices, una a cada lado de su

---

[2] *Analysis of the Sensations - Antimetaphysical, The Monist*, vol. 1, p. 59.

«cara», y que las dos eran hermosamente transparentes. Te invito efusivamente a que tú mismo, mi lector, mires en este preciso momento, sin volver la cabeza, tan lejos como te resulte posible hacia la derecha, y después tan lejos como te resulte posible hacia la izquierda, y que de este modo verifiques por ti mismo que —ahora que ya no echas a perder la realidad tal y como se presenta— en verdad eres el orgulloso dueño de un par de narices enormes y perfectamente transparentes, una a cada lado de tu «cara». Fíjate en los diversos objetos que contiene cada una de esas narices. En mi caso, ahora mismo mi nariz izquierda contiene un televisor y una grabadora, mientras que en la derecha veo un gramófono, un fragmento de pared gris y un cuadro. ¿Qué contienen las tuyas?

Y lo cierto es que también hay bastante artificio y engaño en esta extenuante forma de mirar hacia la derecha y hacia la izquierda. Lo natural, lo simple, lo no fingido, es hacer lo que habitualmente hacemos, que es mirar relajadamente más o menos hacia delante. Y entonces, por supuesto, no tienes ni nariz ni cabeza, como tú mismo puedes comprobar en este momento (siempre que te tomes la molestia de observar aquello desde lo que estás mirando).

Bien podrías preguntarte indignado por qué este descubrimiento —de seguro remirado y artificioso— de nuestras narices gemelas resulta tan importante. Pues por sus inmensas consecuencias prácticas. En los últimos sesenta y tantos años he conocido a muchos amigos en todo el mundo a los que el hecho de disfrutar y practicar este y otros descubrimientos similares de empirismo radical les ha cambiado la vida drásticamente. Son personas que han descubierto su identidad en la Raíz con lo que yo llamo su Origen Divino.

¿Cómo es posible que Match y compañía se quedasen tan cortos a la hora de aplicar sus propios principios radicales? No conozco lo suficientemente bien la figura de Mach como para decirlo, así que creo que la mejor manera de responder a esta importante pregunta es recurrir al exponente más eminente del positivismo lógico en Inglaterra: A. J. Ayer (1910-1989), quien en 1946 fue nombrado catedrático de Filosofía de la Mente y Lógica en la UCL, unos años después de que yo mismo hubiese abandonado esa institución académica. Nunca llegué a conocerle en persona, aunque mantuvimos una breve correspondencia. El profesor Ayer no tiene ni idea de lo que se está perdiendo al no ser capaz de aplicar los principios que él mismo defiende.

Veamos uno de los últimos ejemplos de las veinte o más pruebas o experimentos que hemos concebido hasta ahora y cómo se aplica al caso de nuestro profesor. Sentado en el escritorio de su despacho en la UCL, el profesor A. J. Ayer se ve a sí mismo refugiado entre esos muros majestuosos y bien construidos que son, como es evidente, verticales. Ahora bien, si tomase una vara de medir y la usara para prolongar hacia abajo las esquinas de la habitación, vería que estas líneas no convergen (como afirma Euclides) en el infinito, sino que se encuentran en sí mismo, lo que equivale a decir que, como primera persona del singular en tiempo presente, ¡él mismo no es otra cosa que el Infinito! También descubriría que todas las habitaciones de la UCL, todas las habitaciones de su propia casa, y en realidad cualquier habitación en la que entre, se está derrumbando, un descubrimiento que esconde una profunda lección.

La cuestión es que cuando manipulamos o alteramos lo que vemos, lo que verdaderamente es dado, la realidad tal como se presenta, entonces nos estamos reduciendo a un «Diagrama» como el de Mach. En cambio, cuando aceptamos lo que vemos en todo su original vigor impoluto y en toda su virginidad, entonces nos concebimos a nosotros mismos como un auténtico «Retrato», como nuestro auténtico, verdadero y magnificente Ser.

Y eso es lo que solemos hacer en los talleres. Por ejemplo, aquí tenemos un autorretrato de una niña de ocho años tal como se ve a sí misma —tal como ve su Yo, su Ser— cuando tiene a un amigo enfrente:

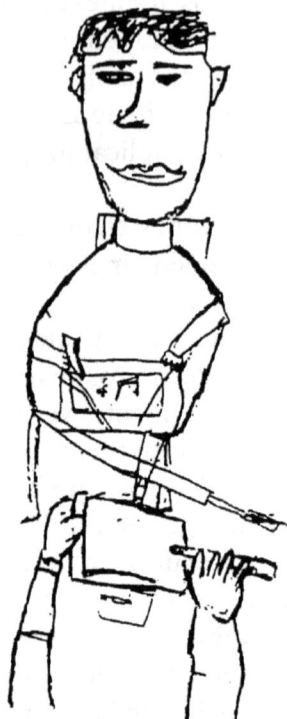

Date cuenta de la enorme diferencia *física* que existe entre la artista en primera persona y su modelo en segunda persona, y cómo la primera está operando desde un espacio ilimitado, mientras que el segundo no es más que otro de los objetos que pueblan ese espacio. A buen seguro la artista crecerá y renunciará a su espacio a cambio de su cara (como hacemos casi todos). ¡Qué trato tan deplorable! Pero esperemos que las terribles consecuencias de ese intercambio la lleven finalmente a revivir su sabiduría infantil.

El siguiente poema es de Karen, otra niña pequeña a la que conocí que en el momento de escribir estos versos tenía nueve años:

¿Alguna vez has sentido que no eres nadie,
solo una minúscula partícula de aire,
con todas esas personas a tu alrededor,
pero como si tú, sencillamente,
no estuvieses ahí?

Y a modo de conclusión, aquí tenemos un ramillete de flores arrancadas en muy distintas fechas y lugares:

Los locos se fían de lo que piensan en lugar de lo que ven. Los sabios se fían de lo que ven y no de lo que piensan.

HUANG-PO

Hagas lo que hagas, jamás conseguirás que alguien que duda de lo que ve llegue a creer.

WILLIAM BLAKE

Los aspectos de las cosas que más importantes son para nosotros permanecen ocultos debido a su simplicidad y su familiaridad.

LUDWIG WITTGENSTEIN

[...] escapó a la observación por ser excesivamente obvia. El ministro dejó la carta bajo las mismísimas narices de todo el mundo, impidiendo así que nadie pudiese percatarse de ella.

EDGAR ALLAN POE, *La carta robada*

El sabio jamás ve ni oye nada distinto de lo que ve u oye un bebé.

LAO-TZU

Si cualquier cosa, por pequeña que sea, se adhiere a tu alma, te impedirá verme.

MEISTER ECKHART

Ríndete ante la evidencia como un niño y prepárate para renunciar a toda noción preconcebida. Avanza humildemente a donde sea, al abismo al que te conduzca la Naturaleza, pues, de lo contrario, no aprenderás nada.

T. H. HUXLEY

20

La brújula

LA HUMANIDAD HA PERDIDO el rumbo. Y no es de extrañar, pues la brújula que utiliza apunta solo hacia el norte y no hacia el sur, por lo que en realidad no es una brújula en absoluto. Tal instrumento señala al azar, apunta hacia cualquier dirección. Las brújulas que funcionan tienen forma de diamante y son tan buenas señalando el norte como señalando el sur. Lo cual, si lo interpretamos, significa que apuntan simultáneamente al objeto percibido de *ahí* y al Sujeto perceptor que se encuentra *aquí mismo*, justo en el Centro de cada uno de nosotros.

Incluso cuando esa especie de pseudobrújula o semibrújula señala casualmente hacia el Sujeto, por el mero hecho de hacerlo lo convierte en un objeto. Por ejemplo, cuando me encuentro frente a otro ser humano, tengo una enorme tendencia a decir que estoy «cara a cara» con esa otra persona, en una relación simétrica de objeto a objeto. Hasta donde he podido averiguar, todos los idiomas de la tierra indican que esa es la reacción que se espera de mí. Son muy pocos quienes prestan atención a la realidad y se atreven a decir «¡NO!». La relación verdadera —y, a todas luces escandalosamente obvia— es que la cara de esa persona de ahí está frente al Espacio o el Vacío consciente que aparece justo aquí (este Vacío que está presente para llenarse con esa cara, así como con todo lo demás que esté a la vista).

De hecho, es completamente imposible que yo (o cualquiera) como Primera Persona del Singular «confronte» a nadie. A decir verdad, jamás he estado «cara a cara» con nadie en toda mi larga vida. Todos estamos hechos para desaparecer en favor del otro. ¡Y hacerlo resulta maravillosamente cortés y generoso por nuestra parte! ¡Párate un momento a pensar en la increíble transformación que tendría lugar en nuestra sociedad enferma con que tan solo la mitad de la humanidad empezase a usar una auténtica brújula Objeto-Sujeto, una verdadera brújula con forma de diamante!

Es posible que llegados a este punto plantees algunas objeciones, las cuales procuraré responder lo mejor que sé. La primera es la siguiente. «Yo —la persona que plantea objeciones— puedo bajar la vista y ver mi cuerpo. De hecho, es algo que hago muy a menudo. Puedo dibujarlo o fotografiarlo, por la simple razón de que se trata de un objeto que para mí resulta tan real y tan objetivo como pueda ser ese otro cuerpo tuyo. Tú y yo coincidimos plenamente, somos iguales».

A lo que respondo con una pregunta: ¿DÓNDE ESTÁS? O, mejor, deja que lo exprese de este otro modo: ¿Qué parte de ese cuerpo tuyo falta ahí donde te encuentras? ¿Qué parte te resulta imposible convertir en un objeto? Sugiero que es la que se halla justo ahí, en y como esa parte faltante en la que estás ubicado, en el Lugar que constituye tu Base, tu Tierra Natal y que, por supuesto, es tú mismo como Sujeto. Algo así:

Si tu siguiente objeción es que esta Subjetividad tiene algo de marginal o de inadecuado, te sugiero que eches un buen vistazo a esa Vacuidad para ser llenada que se encuentra *ahí*, justo donde existes, justo donde, por así decirlo, estás aparcado. Y entonces estoy bastante seguro de que verás que esa Vacuidad está muy despierta, que no tiene límites, que es infinitamente espaciosa, eterna, el Motor Inmóvil del mundo. ¿Puedo añadir que sería en extremo complicado satisfacerte si Eso no se ajustase a ti como un guante?

En caso de que me pidas que señale el límite exacto donde termina la parte objetivable de tu cuerpo para dar paso a tu Subjetividad en toda su magnificencia y toda su bendición —como indico someramente en el dibujo—, te diría que dirigieses tu atención hacia la frontera semicircular que se despliega de izquierda a derecha, ahí donde la uña del dedo índice de la mano que trata de localizarla se desvanece.

Y en caso de que, continuando con tu réplica, me digas que las apariencias engañan y que en realidad tú y yo estamos cara a cara, yo te digo que a los ojos del resto del mundo eso es verdad, porque para ellos somos terceras personas, mientras que para nosotros cada uno somos la Primera Persona del Singular, y la Primera Persona es, por definición y por experiencia propia, el Sujeto.

Y si aún no me crees te pregunto cómo podrías percibir mi cara con todos sus casi inagotables detalles si al mismo tiempo estuvieses percibiendo también tus propios rasgos faciales igualmente minuciosos y detallados.

Y más aún, si es que aún te queda alguna duda: te invito a que recorras todo el camino que lleva hasta mí, que llegues hasta donde estoy y, pertrechado con los mejores instrumentos ópticos, compruebes si digo la verdad cuando sostengo que, *aquí mismo*, Aquello desde lo que miro es puro Sujeto carente de toda objetividad. Y luego, una vez que hayas llegado aquí, si tienes la amabilidad de darte la vuelta y, en lugar de mirarme a mí, mirar desde aquí conmigo, estoy absolutamente seguro de que compartiremos una Subjetividad común.

Y si sientes que necesitas apoyo moral para esta aventura, puedes encontrarlo en abundancia entre los grandes sabios y veedores de las principales religiones, quienes insisten en que esta Nada-Todo que yace en el Centro más íntimo de todos nosotros no es sino nuestra Fuente, el Poder y la Gloria del que emanan todas las cosas.

A lo cual yo añado —pues así he llegado a creerlo— que de ESTO y solo de ESTO podemos esperar a la larga que nos dé no lo que queremos, sino lo que verdaderamente necesitamos. No te estoy pidiendo que lo creas, pero estaría muy bien que lo comprobases por ti mismo.

21

La Torre Oscura

PRIMERA PARTE

SIN LUGAR A DUDAS, «Childe Rowland a la Torre Oscura llegó» es una de las líneas más mágicas de toda la literatura inglesa. Robert Browning la usó como el título de un poema en el que expone detenidamente y con detalle las miserias y los peligros del desierto en el que se encontraba vagando: un desierto dominado por una gran torre. Algunos creen que dicha torre es la guarida de un ogro que engatusa a los caminantes para luego engullirlos sin demora. En realidad Browning tomó prestada esa línea de la obra *El rey Lear*, de Shakespeare, donde Edgar, fingiendo estar loco, la canta o la declama: «¡Pim, pom, pam! —añade— A sangre británica huelo ya».

Si Browning sacó el título de su poema de Shakespeare, yo he tomado prestado de ambos el título de este capítulo. Haciéndole también un guiño a Lord Byron, quien escribió varios cantos sobre un joven príncipe de la Edad Oscura llamado Childe Harold que incluían muchos elementos autobiográficos. En este capítulo yo también seguiré un patrón similar.

Me encuentro perdido y sin hogar en un paraje plano y monótono, terrenos yermos y baldíos en su mayor parte. Es un país atrasado y muy pobre, a menudo golpeado por las hambrunas y siempre peligroso. Aquí el odio y la violencia son la regla. Pero tal vez la característica más deprimente de esta tierra carente de todo atractivo sea su desesperanza, su falta de propósito y sentido. Al menos en este aspecto, pude decirse que está inmersa en plena Edad Oscura.

Pero ninguna Edad Oscura es completamente oscura. Solo hay una cosa que destaca y me ofrece un atisbo de esperanza en esta tierra que, de otro modo, sería un caso absolutamente perdido. Y, sí, es la Torre Oscura. Toda Edad Oscura ha de contar con su Torre Oscura. Cierto es que tiene pocas ventanas, y las que hay son pequeñas, están muy altas y provistas de barras de hierro, pero de vez en cuando dejan pasar un fugaz pero resplandeciente rayo de luz que alcanza hasta lo más profundo de las penumbras dominantes.

¿Qué ocurre en el interior de este peculiar y ocasional faro? Nadie lo sabe con seguridad. Pero, por supuesto, circulan muchos rumores contradictorios. Entre otras cosas, se dice que es una Fortaleza inexpugnable que protege contra todo peligro, un Templo de sabiduría y belleza divina, un Hospital o una «Casa de Dios» en el que sanar el espíritu, la mente y el cuerpo, o el Palacio del rey destronado de toda tierra... Eso dicen algunos que no pierden la esperanza, pero después se apresuran a murmurar historias sobre el insaciable apetito del ogro.

Al menos, la Torre Oscura no niega la posibilidad de que en ella se oculte una cornucopia única y singular de todo lo bueno. Pero, en ese caso, ¿por qué nosotros, personas sensatas como somos, pretendemos que no es más que un espejismo, cuando no algo totalmente inexistente? ¿Por qué demonios, si es que, como hemos dicho, bien pudiera albergar la Luz que alumbraría nuestra Edad Oscura, la ignoramos en su mayor parte, la maltratamos, la evitamos como si fuese una trampa humana o un lazareto lleno de apestados? ¿Pudiera ser este rechazo mera locura —cuando no locura absoluta— por nuestra parte? ¿O quizá hay un peligro muy real acechando en el interior de esta estructura vedada, tal vez una amenaza que resulte aún más prohibitiva? Después de todo, ¿será verdad que en la Torre habita un ogro? Ha habido quienes, asustados y llenos de pavor, han afirmado que lo han visto e incluso que les ha perseguido.

Tal vez haya una base lógica para este instinto que podríamos denominar el *terror a la Torre*. Por lo general, los instintos suelen tener un valor de supervivencia. ¿Sería justificado suponer que en este caso estamos ante la gran excepción? Veamos.

Sí, voy a arriesgarlo todo y a abrirme paso, si es que puedo. ¿Por qué? Pues porque debo hacerlo. Porque a pesar de todas las miserias de la Edad Oscura, me ha sucedido algo absolutamente maravilloso, y me estaría condenando a mí mismo si me limito a vivir y morir sin molestarme o atreverme a mirarlo fija y largamente mientras pueda. Mirar de frente esta cosa maravillosa que —sospecho— se exhibe claramente y a plena vista en el interior de la Torre y en ninguna otra parte.

¿Y qué es exactamente eso tan maravilloso que me ha pasado? ¡Pues que he sucedido! ¡Que he llegado a la existencia! ¡Que he ocurrido! No tenía por qué haberlo hecho. Contra todo pronóstico (las probabilidades deben de ser de menos de uno frente a miles de millones), del Abismo del No-ser ha surgido este SER particular capaz de decir ahora «YO SOY». Lo cual, según me cuentan, no es sino el nombre del Rey cuyo Palacio es la Torre Oscura y que constituye la Fuente del Ser mismo. Pareciera que, al afirmar Ser, estoy reclamando mi Unidad con Él. Esta afirmación, asombrosa, pero no absurda, requiere un examen más detallado.

Además, tengo otras razones apremiantes para tratar de lograr mi admisión en ese lugar. Necesito la protección de una Fortaleza sólida y firme que me salvaguarde contra la destrucción inminente y la muerte. Necesito descubrir el propósito de mi vida, el cual —de nuevo, sospecho— no se encuentra en ningún templo ni en ningún otro lugar fuera de la Torre. Necesito la sanación que, por lo que parece, solo es posible hallar en esa «Casa de Dios» y, sobre todo, anhelo y necesito desesperadamente la visión y la presencia del Rey. En resumen, pretendo entrar cueste lo que cueste sin importar los riesgos que tenga que correr.

Para mi sorpresa, no encontré ningún foso, puente levadizo o rastrillo entre la Torre y yo mismo. La única entrada a ese pináculo gigantesco resultó ser tan pequeña que tuve que agacharme para pasar bajo su arco apuntado. Tampoco la puerta estaba atornillada ni protegida de ningún modo. Al más ligero toque se abrió de par en par. Casi se diría que me estaban esperando. Y en el preciso instante en que entré, una feroz ráfaga de viento proveniente del interior golpeó la puerta violentamente detrás de mí con un estrépito que sonó como una retahíla de truenos seguidos del giro de una llave en una cerradura. Querían dejarme claro que no había vuelta atrás. Había venido para quedarme. ¡Estaba ahí para recibir lo que fuese que me estuviese aguardando!

Respirando con dificultad, alcancé a discernir que me encontraba en una especie de vestíbulo o antesala, no demasiado grande pero con un alto techo envuelto en tinieblas. Y lo primero que me llamó la atención de este lugar fue su olor, un olor fuerte que se metía hasta la garganta y que me describí a mí mismo como «un hedor de la Edad de Piedra». Sin duda se trataba del tufo que emanaba de las ásperas paredes de mampostería, muy frías y arenosas al tacto.

Tras dar algunos pasos cautelosos y preparándome para la peor clase de monstruosidad, llegué a otro pasillo abovedado, más alto que el primero y sin puerta. Este corredor daba a una escena que, de todas las posibles, era la que menos esperaba encontrar. Lo verdaderamente sorprendente era su carácter puramente ordinario, su total falta de sorpresa. Encontrarme con esa gran concurrencia de gente del mundo exterior, cuyo aspecto y comportamiento era el mismo que ahí fuera, sin el más mínimo rastro de la magia y el misterio que yo había anticipado, fue como si me dieran un puñetazo en la barriga. Allí estaban, cientos de hombres y mujeres, jóvenes y viejos, altos y bajos, guapos y feos, de aspecto descuidado y elegantemente vestidos, exhibiendo toda clase de expresiones faciales —las cuales denotaban frenesí, serenidad, y cualquier otra clase de emoción intermedia—, moviéndose libremente, formando grupos pequeños o agolpándose en cónclaves más concurridos, mientras que unos pocos vagaban en soledad. Toda la escena podría haber sido traída en bloque desde cualquier gran fiesta que se celebrase ahí fuera, en el mundo.

Esa fue la primera impresión que tuve mientras permanecía ahí, de pie y levemente conmocionado, en la entrada de aquel espacioso salón (un vestíbulo demasiado espacioso, demasiado bien dispuesto e iluminado como para servir de torreón o torre del homenaje en cualquier castillo normal).

Mi segunda impresión fue igualmente impactante, si bien de un modo muy distinto. Estas personas no hablaban, sino que gorjeaban. Emitían trinos y gorgoritos como si fuesen gorriones. Sus movimientos, sus gestos y sus expresiones faciales, en toda su variedad siempre cambiante, eran completamente normales, solo que lo que brotaba de sus bocas, al menos para mis oídos, eran trinos. Trinos ardientes y trinos frívolos, trinos excitados y trinos calmos, trinos agudos y trinos graves, trinos a todo volumen y trinos que eran poco más que un leve susurro, pero todos ellos iguales en esencia, siempre iguales, completamente iguales.

Yo mismo me estaba empezando a sentir un poco cantarín. ¿Acaso se trataba de una enfermedad contagiosa? No tenía demasiadas ganas de quedarme ahí parado, bajo ese arco apuntado, hasta el día del juicio final. Pero, por otra parte, me apetecía aún menos avanzar unos pasos y unirme a esa bandada de gorriones humanos. Ni, para el caso, tampoco me habían invitado a hacerlo. Resultaba evidente que yo era su hombre invisible.

En esta coyuntura, me llamó la atención otro aspecto de lo más extraño en aquella escena. Algo que, aunque tardó más en saltarme a la vista, por algún oscuro motivo me produjo escalofríos. También supuso una razón más para no aventurarme más allá de donde me encontraba. Y es que en ninguna parte había ni el más mínimo ruido de pisadas. Sandalias suaves, botas tachueladas, zapatos que se deslizaban, golpeaban, caminaban o corrían... Daba igual. Ninguno producía el más leve sonido. ¿Qué tenía aquel suelo que amortiguaba y absorbía todos los ruidos que deberían brotar de él? A mi parecer, era igual que cualquier otro suelo: liso, sólido, seguro, bien pulido.

En cuanto a la sala en sí, parecía, como digo, demasiado grande para caber en la Torre, para encajar en sus enormes muros de piedra. ¿Pudiera ser que fuese elástica? ¿Tenía que ser así de grande para poder contener a toda esa multitud? Era de planta circular, alta, rematada por una cúpula, y en conjunto no daba en absoluto la impresión de pertenecer a la Edad Oscura. Sin embargo, estaba impregnada de aquel mismo olor añejo.

Estando ahí de pie, titubeando en la periferia de la sala, únicamente reparé en otra cosa: varias macetas grandes, de diversas formas y tamaños y con flores amarillas, que estaban dispuestas a intervalos alrededor del perímetro de la sala. Aunque las flores eran hermosas, no fui capaz de identificar a qué especie pertenecían. En un cierto momento capté el exquisito aroma a fresas que provenía de ellas, si bien se trataba de un efluvio débil y muy localizado que competía con aquel olor a rancio.

Me encontraba en un dilema. ¿Debía unirme a aquellos humanos gorjeadores con pies de gato? En ese caso, sin duda me estaría condenando de por vida a tener que llevar su misma clase de vida, ¡lo cual no me parecía una perspectiva demasiado alentadora! La alternativa, por otro lado —continuar ahí de pie, triste y solitario bajo la arcada, meciéndome levemente hacia delante y hacia atrás—, me parecía igual de mala. Y la idea de acampar en el vestíbulo no solo no me parecía buena, sino que además resultaba inviable. Y ahí me quedé, debatiéndome en esa encrucijada por lo que me parecieron horas. Y entonces ocurrió.

Hoy es el día que sigo jurando que no tomé ninguna decisión, sino que, por el contrario, alguna mano oculta me empujó más allá del borde.

Sea como fuere, dejé de bambolearme y di con mis pasos en aquel suelo singular. Solo que, en realidad ¡no hice nada por el estilo! Podría decirse que di un paso y «atravesé» aquella cosa. Para mí no había absolutamente nada, no había suelo ni nada que se le pareciese. Caí de cabeza en el Abismo.

El impacto físico de aquel paso en falso (¿o debería decir de aquel *paso auténtico?*), junto con el vértigo de la pérdida inicial de equilibrio y de algo sobre lo que pisar, no podría haber sido más horrible. Sin embargo, una vez libre de todo punto de apoyo, mi terror no tardó en transformarse en asombro y curiosidad. Mi precipitada caída no podría haber sido más rápida, ni tampoco las profundidades a las que me ha conducido podrían parecerme más profundas e interminables —o, para el caso, más fascinantes—. Después de todo, ¿estoy siendo devorado por el ogro, quien dará buena cuenta de mí por toda la eternidad? ¿Acaso son el ogro de la Torre y su Rey una y la misma Persona, la verdadera Primera Persona del —oh, tan sumamente— Singular?

Lo cierto es que aquí abajo todo lo que se muestra por debajo de ese suelo traicionero e ilusorio está visiblemente dispuesto del revés, patas arriba, de forma diametralmente opuesta a todo lo que aparece por encima de dicha frontera. Allá arriba se aplica la lógica aristotélica que afirma que «A no es B», mientras que aquí abajo rige la lógica paradójica de «A es B». Allá arriba se confirma la lucha y la oposición de contrarios, mientras que aquí abajo tiene lugar la unión de los contrarios. Por ejemplo, allá arriba, esas personas al revés y con cabeza en su parte superior se mantienen distanciadas entre sí, mientras que aquí abajo, aunque en mi caída me alejo de ellas, esas mismas personas no se vuelven para mí más pequeñas ni menos audibles, y la distancia se revela como la ficción que William Blake decía que era. Allá arriba, de nuevo, esas personas están quietas o en movimiento, mientras que aquí abajo, aunque en realidad estoy cayendo a gran velocidad, estoy perfectamente quieto e inmóvil, tal como los sabios y los veedores me dicen que estoy, y no soy yo sino las paredes del Abismo las que pasan a toda prisa —y, más concretamente, hacia arriba—. Allá arriba la oscuridad y la luz se suceden todos los días, mientras que aquí abajo devienen la misma cosa, y no estoy seguro de si describir el Abismo sin fondo en el que estoy cayendo como la Luz que ilumina la Luz o como la Oscuridad que extingue dicha Luz. Mi impresión es que es ambas a la vez, como esos mismos sabios y veedores afirman. Y de nuevo, allá arriba el Ser y la Conciencia son fundamentales mientras que el No-ser o la No-conciencia se desprecian, son descartados o directamente ignorados; en cambio, aquí el No-ser y la No-conciencia son básicos, lo que equivale a decir que este lugar es abismal. Mi caída no es solo una caída en lo Desconocido, sino también en lo Incognoscible, en lo que sé con absoluta certeza que es imposible llegar a conocer.

Y sigo cayendo, cayendo, cayendo. Parece que han pasado siglos desde aquel paso horrible que me precipitó en el suelo que no era suelo, y al mismo tiempo tengo la sensación de que no ha transcurrido ningún tiempo en absoluto. De hecho, aquí me encuentro con otra paradoja abismal: el tiempo es atemporal y lo atemporal está imbuido de tiempo. Miro mi reloj de pulsera ¡y descubro que sus manecillas y sus cifras han derrocado el tiempo! (o, por decirlo de otro modo, que se han tomado unas vacaciones de la función que les es propia).

Y, por supuesto, una de las diferencias más obvias entre el mundo superior y el mundo inferior, el mundo abismal, es que ahí arriba todos están en compañía, mientras que aquí abajo yo estoy completamente solo, y esta inmersión en el Abismo es en esencia y para siempre un asunto solitario.

Y, sin embargo, sin duda, lo contrario también es cierto y disfruto de mucha y muy buena compañía (una compañía, me enorgullece decir, sumamente ilustre y distinguida). Y mientras me susurran al oído acompañándome en mi precipitado descenso, alcanzo a entender lo siguiente de sus palabras:

Hubert Benoit, psiquiatra francés: «Si no eres feliz es porque has establecido tu base en la Conciencia, en lugar de establecerte en lo Inconsciente».

Nisargadatta Maharaj, al igual que ese otro sabio indio, Ramana Maharshi, insiste en que nuestra enfermedad esencial y la causa de toda nuestra desdicha es la ilusión que nos hace creer «Yo soy esta persona en particular». Y el remedio a nuestra dolencia es la realización «YO SOY», no «Soy esto o lo otro», sino «Soy puro Ser indiferenciado». Pero esta comprensión dista mucho de ser suficiente. Nisargadatta va mucho más allá. Resumiendo pulcra y primorosamente toda la cuestión, nos anuncia entre susurros que «YO SOY nos muestra *dónde* buscar, pero no *qué* buscar. Solo fíjate bien... Tú eres el Trasfondo, el Fundamento, la Raíz a partir de la cual todo crece».

Y, también con voz susurrante, yo le respondo que ahora mismo este Fundamento se me revela como sin fundamento, sin esencia, insustancial, como la mismísima Ausencia de suelo alguno en el que pisar.

Eugen Herrigel, filósofo alemán y contemporáneo de Benoit, demuestra ser especialmente útil al respecto:

> Todas las cosas, vistas desde su Origen, son iguales, tienen un valor absoluto. Su Origen o Fundamento solo se puede percibir a través de ellas. Vemos con absoluta certeza que las cosas son en virtud de lo que no son. En la misma medida en que su Origen sin forma sigue siendo inaccesible e inconcebible, las cosas en su forma concreta se vuelven más accesibles. Al estar bañadas en la luz de su Origen, ellas mismas están iluminadas.

Estoy totalmente de acuerdo. Aquí abajo encuentro que esas hermosas flores amarillas son *más* hermosas, e incluso que están *más* deliciosamente perfumadas, que cuando las vi por primera vez desde la arcada. En cuanto a los gorgojeantes personajes que pululan entre ellas, a decir verdad ninguno de ellos es realmente desagradable o prescindible, y sus gorjeos empiezan a parecerse a una especie de música.

Herrigel fue un occidental que viajó hasta Japón, mientras que D. T. Suzuki llegó al oeste desde Japón y trajo consigo el zen:

> La vida interior del hombre de zen es sumamente rica porque está en comunicación directa con el gran Inconsciente. [...] Una vez que se reconoce este gran Desconocido, penetra en la conciencia ordinaria y pone en orden todas las complejidades que en mayor o menor medida nos han estado atormentando. [...] En cuanto reconocemos que la conciencia surge de algo

que, aunque no se pueda conocer de la forma en que se conocen las cosas relativas, está íntimamente relacionado con nosotros, nos liberamos de toda forma de tensión y quedamos completamente en reposo, en paz con nosotros mismos y con el mundo en general.

La beata Angela de Foligno utiliza un lenguaje muy distinto, pero su lógica —es decir, en lógica paradójica— es muy similar cuando confiesa:

> Puse toda mi esperanza en un bien secreto, un bien que llegó a mí en la más absoluta oscuridad. Todas las criaturas imbuidas de Dios, todo el poder y la voluntad divina, todo eso es claramente inferior a este bien oculto. Todas esas otras cosas nos aportan placer y regocijo, pero esta visión de Dios en la oscuridad no nos pone una sonrisa en los labios, no infunde devoción ni fervor a nuestra alma. [...] Sin embargo, todas las innumerables e indescriptibles palabras y favores que Dios me ha concedido quedan tan extraordinariamente lejos de esta visión de Dios en la oscuridad que no puedo confiar en ellas en absoluto.

¡Sí! —respondo yo efusivamente—. Al Dios de ahí arriba hay que buscarlo (y tal vez encontrarlo) en la luz, pero al de aquí abajo hay que buscarlo en la oscuridad (y, ciertamente, perderlo en dicha oscuridad). Y lo más bello y gracioso de todo esto es que esta pérdida de Dios, esta separación de Él, es lo único que constituye el verdadero hallazgo de Dios y la unión con Él. Suena absurdo pero siento que así es, sin la menor duda. La sabiduría de Dios es una locura para los hombres.

Todo esto nos confirma, con una convicción y elocuencia sin parangón, el beato Jan van Ruysbroeck, quien me habla de «la Luz incomprensible, sin rumbo, sin modo, insondable». Si pudiéramos conocerla y comprenderla caería en un rumbo, un modo y una medida concretas, y eso jamás podría satisfacernos. Esta «oscuridad salvaje del Dios Capital» es nuestro refugio seguro únicamente porque se mantiene inaccesible, porque es abismal.

Y, como una prueba más de que hablar de Dios y hablar de zen puede ser perfectamente compatible, aquí tenemos al inigualable Meister Eckhart:

> El fin es el misterio de la oscuridad de la Deidad eterna. Es desconocido y jamás podremos conocerlo. [...] Dios mora ahí dentro desconociéndose a sí mismo. [...] Él es un no-Dios, una no-mente, no es ni una persona ni una imagen. Húndete en Él por toda la eternidad, deja de ser algo y conviértete en nada.

Y Tauler, discípulo de Eckhart, nos habla del «insondable Abismo, sin fondo y flotando en sí mismo, que es mucho más la morada de Dios que el cielo o el propio hombre».

Y mucho más —añado yo— que la Torre Oscura. Pero el premio a la brevedad y la contundencia se lo lleva Rumi, el poeta y sabio sufí: «Mi objetivo es alcanzar algo que no se puede encontrar».

Mi caída interminable en el oscuro abismo me depara sorpresas y más sorpresas sin fin, pero de entre todas ellas hay una que destaca marcadamente, y a la que ruego a Dios que jamás me acostumbre. Es la siguiente. El Dios cuyo Palacio es la Torre Oscura pero cuyo Hogar es el Abismo que yace bajo la Torre, habita en ella *sin tener conocimiento de sí mismo, y por siempre seguirá siendo desconocido e incognoscible*. Eso dice Meister Eckhart. Y también Hui Hai, apodado «la Gran Perla», uno de los maestros zen (o más bien *Ch'an*) más destacados de la Dinastía T'ang: «El *prajna* [la Perfección de la Sabiduría, nuestra Naturaleza de Buda] es inconsciente, pero se pone en funcionamiento cuando estamos frente a unas flores amarillas». Y yo afirmo lo mismo al confrontar, como hago, mis bellas y dulces flores amarillas, tan elegantemente dispuestas alrededor del perímetro del gran salón.

¡Qué agradecido le estoy a esa mano escondida —seguramente fuese la mano de Dios— que me empujó hasta el borde de sus propias profundidades inalcanzables!

SEGUNDA PARTE

A continuación reproduzco algunos fragmentos relevantes de mi diario de 2002:

Martes, 2 de abril

He terminado la historia de la Torre Oscura, la cual constituye la primera parte de este capítulo. Ahí estaba, deletreada con todo detalle en la pantalla de mi ordenador, y desde entonces no he cambiado ni una coma.

Jueves, 4 de abril

Jacinta Wright, una amiga que nos visitó hoy, ha leído el relato.

Viernes, 5 de abril

Mi esposa Catherine y yo hemos ido en coche desde Suffolk hasta Winchester, donde participamos en una conferencia de fin de semana a la que asistieron unas doscientas personas.

Domingo, 7 de abril

Después de bajar con éxito unos treinta escalones desde el comedor hasta la sala de conferencias, me detuve brevemente en la entrada. Entonces puse el pie en un suelo que no estaba ahí y me caí de bruces. De hecho, al no ver este último escalón, me desplomé y me rompí la cadera.

Domingo, 21 de abril

Aquí estoy, en el hospital Winchester and Eastleigh, aprendiendo a caminar con mi cadera reconstruida.

¡Había pisado un suelo que no estaba ahí dos veces en la misma semana! En la primera —y pseudoficticia— ocasión, me resultó bastante sencillo sentirme dar gracias a Dios por haberme empujado a su abismo sin fondo. En la segunda —demasiado real— me está resultando cada vez más difícil sentirme agradecido, si bien me parece incluso más necesario.

A buen seguro tener que estar encerrado en esta sala durante quince días puede considerarse como una experiencia sumamente lúgubre y sombría. De hecho, John, el paciente de la cama de al lado, que tiene una pierna rota e inmovilizada, está soportando unas cinco semanas de lo que él mismo describe como «una agonía de aburrimiento». Tal vez se trate de una agonía de aburrimiento que en ocasiones alcance el terrible grado de acritud y torpor que antiguamente solía considerarse como uno de los siete pecados capitales.

Aquí, por la gracia de Dios, la cosa es bastante diferente. No es que trate de evadir o evitar el aburrimiento, sino que, por el contrario, me revuelco en él. De continuo me sumo en sus insondables profundidades, con el sorprendente resultado de que, desde que llegué aquí, no me he aburrido ni por un segundo. ¡Larga vida a las paradojas!

Así pues, le doy gracias a Dios también por el segundo empujón, por su amorosa bondad (no falta de cierto toque de humor) al disponer las cosas para dejarme tan claro en dos ocasiones lo que tiene que enseñarme sobre caer en Él. Por lo general insiste doblemente cuando se topa con estudiantes lentos y torpes, con la esperanza de duplicar así su impacto. Me pierdo de tanta admiración como siento hacia las formas que tiene de restregarnos su mensaje.

22

Ahí voy yo, por la gracia de Dios

STABAN DANDO LAS NOTICIAS de las seis en la tele, y el rostro que aparecía en pantalla mostraba una terrible expresión de sufrimiento. Sí, lo sé, lo que él había hecho también era terrible. Su víctima sufrió espantosamente. Pero, gracias a Dios, la agonía fue breve. Y ahora no puedo evitar pensar en la agonía del criminal, la cual seguramente se prolongue durante varias décadas. ¡Varias décadas de tortura insoportable, empezando con esas multitudes furiosas que rodean la prisión y que lo lincharían si pudiesen, y seguidas por el odio permanente de los otros presidiarios, de los cuales le tendrán que proteger! Los peritos psiquiátricos han determinado que está lo suficientemente cuerdo como para someterle a un juicio. No es de extrañar que bajo sus ojos hayan aparecido sombras oscuras, que su cabello esté visiblemente más canoso que cuando le vimos hace una o dos semanas, o que se tambalee al abandonar el estrado.

No estoy diciendo que la sociedad y sus leyes puedan o tengan que hacer algo distinto con él, pero al mismo tiempo no puedo olvidar que también es mi hermano. En su Centro también mora la luz que ilumina *a todo aquel* que llega a este mundo, y en la Raíz, yo soy él. De ninguna manera puedo lavarme las manos y desentenderme de este alma torturada. *Asumo* su terrible culpa y su dolor, pero hacerla desaparecer es algo muy distinto. Ese cometido no me corresponde a mí, sino al Cristo que habita en mí. Por supuesto, no sé si algún día él llegará a alcanzar esa realización suprema. Lo dudo mucho. Pero mientras hay vida hay esperanza.

Entretanto, también hay cosas que he de trabajar en mí mismo a este respecto. «Ahí voy yo, por la gracia de Dios». Lo digo con toda sinceridad. ¿Acaso me habría comportado de otro modo si hubiese tenido sus mismos padres, su mismo origen, si hubiese recibido la educación que recibió ese pobre hombre, si tuviese sus genes, sus cromosomas y todo ese condicionamiento hereditario, su temperamento tal como se lo endosaron al nacer? La respuesta es «¡NO, rotundamente NO!». Habría hecho exactamente lo mismo que él. De hecho, en lugar de decir «Ahí voy yo, por la gracia de Dios», debería decir simple y llanamente «Ahí voy yo», siempre y en cualquier caso.

Esta es la vía de Cristo en mí, la vía de la Cruz. Y poco a poco he llegado a comprender que también se trata de la vía de la Realidad y el Poder que subyace en el mundo. A veces, en el transcurso de mi trabajo en el último medio siglo, la gente me ha preguntado cuál es mi receta para deshacerme del dolor. Yo tengo que confesarles que no tengo ninguna receta, que, por el contrario, mi receta es asumir el dolor, el dolor del mundo, el cual, por supuesto, incluye también el dolor de ese aborrecible prisionero que se sentaba en el banquillo.

El eminente santo y sabio Johann Tauler de Estrasburgo tenía mucho que decir —y muy profundo— sobre la necesidad del dolor. Por ejemplo:

> En cierta ocasión alguien pensó que Dios disponía para algunos hombres caminos agradables y apacibles, mientras que a otros los llevaba por la senda del dolor. Nuestro Señor le respondió así: «¿Crees que puede haber algo más agradable o más noble que haber sido hecho a mi imagen y semejanza, es decir, por medio del sufrimiento? ¿A quién se le ha otorgado una vida más turbulenta que la mía? ¿Y en quién puedo operar mejor de acuerdo con mi verdadera nobleza que en aquellos que son más como Yo? Y esos son los que sufren. [...] Has de saber que mi naturaleza divina nunca funcionó de un modo tan noble en la naturaleza humana como en el sufrimiento; y puesto que el sufrimiento es tan eficaz, lo envío con todo mi amor. Entiendo la debilidad de la naturaleza humana en todo momento, y por amor y consideración no pongo más carga sobre los hombros de los hombres que la que pueden soportar. La corona ha de

estar firmemente presionada para que pueda florecer en la Presencia Eterna de mi Padre Celestial. Quien desee sumergirse en las insondables aguas de mi Divinidad también ha de estar dispuesto a hundirse en lo más profundo del océano del dolor amargo. Yo soy el Exaltado, estoy muy por encima de todas las cosas y obro maravillas sobrenaturales sobre mí mismo. Por lo tanto, cuanto más profundo y más sobrenaturalmente se hunda un hombre por debajo de todas las cosas, más milagrosamente llegará a estar por encima de ellas»[1].

Llegados a esta coyuntura, te veo replicando algo como esto: «Es evidente que, de un modo u otro, eres cristiano. Pues bien, yo no soy cristiano. Junto con un número cada vez mayor de personas en Occidente, me parece que el cristianismo me exige creer en toda clase de cosas increíbles o, peor aún, fingir que las creo, y eso es algo que no estoy dispuesto a hacer».

A lo que te respondo que yo tampoco creo en ninguna de esas cosas imposibles y, por otro lado, muchos cristianos negarían con vehemencia que yo sea uno de ellos (un cristiano, del tipo que sea), cosa que no me molesta en lo más mínimo, ni tampoco, como yo lo veo, molesta al Dios que tan graciosamente establece su residencia en mí. Y te sugiero que la humildad frente a los datos, frente a la realidad tal como se presenta, frente a lo claramente dado, tiene muchísimo más valor en la vida espiritual que creer con fe ciega lo increíble. Dios mismo valora la verdad por encima de hasta la más sacrosanta de las ficciones. Tanto que le costó la muerte en la Cruz.

Por supuesto, te concedo que la historia de la Cruz es una historia impactante y terrible, pero estoy convencido de que es la verdadera. Ser es ser así. Según mi parecer, la explicación (en la medida en que es posible encontrar una explicación a este misterio supremo) es la siguiente. La creación del mundo le salió muy cara al Creador. Ciertamente, hubo de pagar un

[1] Tauler, «Sermón sobre san Pablo», *The Inner Way*, Londres, 1909.

altísimo coste por ella. Por supuesto que ese mundo debía contener amor y alegría sublimes, pero solo a costa de su propia Crucifixión.

No sirve de nada replicar que para Dios todo es posible, y que muy bien podría haber creado al hombre dichoso, feliz y sin pecado. Eso era imposible hasta para Él. ¿Por qué? Por la simple razón de que una criatura que fuese forzosamente inocente e incapaz de pecar no sería un hombre sino una especie de lindo y dulce animalillo. La libertad, que incluye necesariamente la libertad de ser un Hitler, un Iván el Terrible o un Nerón, es un ingrediente esencial de la naturaleza humana. Podríamos decir que aunque ser investidos con esta clase de naturaleza supone la más excelsa bendición, también se trata de una bendición híbrida o mestiza, voluble, cambiante, que conlleva un alto precio. La libertad de elegir la alternativa del mal en lugar de optar por el bien nunca está completamente ausente en ningún ser humano que se encuentre en su sano juicio.

Ya te oigo objetar que acabo de decir que el hombre en el banquillo, acusado de ese terrible crimen, era esclavo y víctima de su múltiple condicionamiento, y que no era libre de hacer más que lo que lo hizo. Bueno, admito la inconsistencia y te respondo del siguiente modo. La naturaleza humana es una enorme y desastrosa masa de contradicciones, un enigma compuesto de misterios irresolubles. Todos nosotros, santos y pecadores, estamos profundamente condicionados, pero aún más profundamente liberados de ese condicionamiento por Dios nuestro Salvador. Dudo que Dios mismo entienda la naturaleza humana de cabo a rabo. En lugar de eso, opta por una alternativa mucho más radical. La asume, carga con ella, se la echa a los hombros, es crucificado y, en lugar de una explicación, nos ofrece la salvación. Al arrogarse sobre sí mismo la naturaleza humana en el Calvario, no solo carga con nuestras culpas y nuestra mezquindad, sino que, junto con eso, también asume la responsabilidad de todos sus sinsentidos inherentes. No digo que para Él tengan sentido, sino que los trasciende.

Permíteme expresarlo de este modo. Él nos ha liberado y es nuestra libertad. Aparte de Él —¡como si fuese posible que alguien o algo estuviese separado de Él!— todos estamos, desde el más santo de los santos hasta el más depravado de los pecadores y cualquiera que se encuentre entremedias, completa y absolutamente condicionados. Todos somos los más abyectos de los esclavos, encadenados de pies y manos, programados hasta en el último de nuestros actos. Solo Él, que es nuestro Ser, es incondicional, y cuando nos libera lo hace de la única manera posible: nos ofrece la unión con Él. Solo Él es el gran «Descondicionador». Es nuestro Salvador, y su salvación no es otra cosa que el establecimiento de su propia morada en nuestro Centro, el hecho de que reside —y por completo, en su totalidad, sin que falta nada— en nuestro mismísimo corazón. Y, como tantas veces he dicho, aquel en quien Dios habita disfruta de un buen inquilino.

Tampoco falla a la hora de mostrarnos ahí con toda claridad, con el mayor resplandor posible, las características con las que le reconocemos: carencia de todo límite, el hecho de ser Nada (de no ser Ninguna-cosa), receptividad ilimitada, atemporalidad, inmortalidad, estar total y completamente despierto, su inmenso Ojo Único con sus asombrosos poderes de creación y destrucción, su inmovilidad junto con su poder para mover el mundo, etc. La lista es larga y difícilmente podría ser más impresionante, *quod erat demonstrandum*.

Así pues, volvamos a nuestro prisionero en el banquillo. Su salvación, exactamente igual que la tuya o la mía, su huida del infierno de su condicionamiento, es la unión consciente con su Fuente. Rezo con todo mi corazón para que un día, más temprano que tarde, su tormento le empuje a dar ese salto.

Mientras tanto, Dios no permita que olvide ni por un instante que, en mi Raíz, yo soy él.

23

La otra mejilla

El argumento de que un hombre ha de morir al mundo te-
rrenal y a todas sus ideas si quiere vivir «la vida que verdaderamente es vida» aparece de manera tan notoria a lo largo del
Nuevo Testamento como en los Evangelios. [...] La Iglesia de
Cristo se ha atrevido a dar completamente la vuelta a los
métodos de su Maestro.

Obispo Gore

Además de ser un eminente eclesiástico, Charles Gore
(1853-1930) fue un discípulo de Jesucristo profundamente comprometido y dotado. Sin embargo, dice
algo sorprendente. Solo Dios sabe cómo lo interpretaría un
visitante del espacio exterior, lo atónito que quedaría al comprobar esta contradicción milenaria y casi universal del doble
pensamiento que describe el obispo. Sin duda lo más chocante
de todo esto es que no nos sorprenda, que no pongamos el grito
en el cielo, que nos limitemos a darlo por sentado, que lo tengamos presente en el desayuno, la comida, el té y la cena y, lejos
de hacer nada al respecto, nos lo tomemos con total calma y
parsimonia. Quitando algún inconformista ocasional como el
obispo Gore, a la práctica totalidad de la población el Sermón
de la montaña nos es absolutamente indiferente.

Me resulta difícil pensar en un periodo más desconcertante
de la historia humana. Aquí tenemos al adorado fundador de
una de las principales religiones del mundo, quien estableció
con precisión y para siempre la forma en la que debían vivir sus

seguidores si querían considerarse como tales y no sus enemigos. Y aquí tenemos también a dichos seguidores —millones y millones de ellos, incluyendo toda clase de santos, teólogos brillantes y poetas inspirados—, quienes insisten en las máximas de su Maestro y, al instante siguiente, se apresuran a descartarlas por impracticables. Dicen una cosa y, casualmente, hacen lo contrario. Esta anomalía suprema se ha mantenido durante dos mil años, y casi no queda ni rastro de la vergüenza moral que sufrieron los primeros cristianos.

En este capítulo trataremos de entender qué sentido subyace tras este absoluto sinsentido, tras esta contradicción intrínseca. Entra dentro de lo posible que esta enorme compañía de hipócritas y traidores de su Maestro, vistos desde otro nivel o desde otro ángulo, resulten no ser nada por el estilo, e incluso tal vez encontremos la manera de considerarlos como hombres y mujeres honestos.

Pero primero examinemos con un poco más de detalle la discrepancia que existe entre las pautas para conducirnos en la vida ofrecidas por el Maestro y las directrices que siguen sus discípulos. Si mi vecino se apropia de una franja de tierra que me pertenece, ¿le ofrezco una franja adicional o llamo a mi abogado? Si por la reparación del techo de mi casa me cobran el doble de lo que deberían, ¿desembolso la cantidad solicitada alegremente o insisto en que me hagan una rebaja considerable? Si un conductor descuidado golpea el radiador de mi coche al aparcar, ¿corro con los gastos de las reparaciones de los dos coches o le hago pagar a él? Si alguien critica públicamente el trabajo de mi vida como algo confuso, trivial, fraudulento o simplemente absurdo, ¿le doy las gracias por ayudarme a desvincularme de mi obra y sus resultados? Y, si llego a conocerle en persona, ¿le daré la más cálida de las bienvenidas y le estrecharé entre mis brazos o no perderé ni un segundo para defenderme vigorosamente? Si un terrorista que ya ha matado a varios de mis compatriotas amenaza con seguir haciéndolo, ¿cómo reacciono? ¿Le envío mensajes silenciosos de comprensión, reconciliación, perdón, compasión y amor o más bien mensajes de odio? ¿Apoyo las medidas punitivas de mi país o me limito a condenarlas en lugar de condenarle a él? Y así con todo...

Por supuesto que a lo largo de los siglos ha habido muchos intentos, tanto a nivel teórico como en la práctica, de salvar esta brecha moral. El comunismo, con la intención de abolir la propiedad privada y el privilegio, se ha ensayado una y otra vez en sus muchas variedades, desde las más antiguas comunidades cristianas hasta toda clase de utopías de «un nuevo mundo», desde el leninismo y el estalinismo hasta el polpotismo. En el mejor de los casos, se han probado pero su éxito no ha perdurado, y en el peor, han demostrado tener resultados ciertamente perversos y diabólicos. Siempre que intentemos crear un cielo en la tierra correremos el riesgo de crear un infierno.

El abismo moral se extiende tan amplio y conspicuo como siempre. ¿Es insalvable? ¿Estamos condenados a seguir así? ¿Podría ser la razón principal de nuestro actual aluvión de problemas la manifiesta incapacidad que mostramos a la hora de tender un puente, por endeble que sea, sobre el abismo? ¿No hay cura para esta horrible herida? Esa es la pregunta a la que trataremos de dar respuesta.

A juzgar por los resultados obtenidos hasta la fecha, seguir intentando construir un puente basándonos en las premisas de siempre equivale a prepararnos nuevamente para el fracaso. Hace falta un diseño nuevo y poco ortodoxo, tal vez flagrantemente distinto a todo lo anterior. Ahora, al final de este improductivo periodo de prueba de dos mil años, ha llegado el momento de tratar de construir un tipo de puente radicalmente nuevo entre Cristo y la cristiandad.

Lo que sigue no es tanto un plano detallado como un boceto aproximado de dicho puente tal como yo lo veo. Para empezar, reconozcamos que, en todo caso, es poco probable que alcancemos una verdadera utopía. La perfección divina que los seres humanos tenemos el privilegio de poder compartir no se encuentra en el nivel humano. Ni de lejos. No, lo que estamos buscando aquí en la tierra no es alcanzar la perfección, sino una mejora radical de la humanidad en base a lo que VEMOS que somos.

Y me explico. El estilo de vida adecuado para un pájaro que surca los cielos viene completamente determinado por su físico alado y emplumado. El estilo de vida adecuado para un pez en el mar viene completamente determinado por su físico con aletas y escamas. Del mismo modo, el estilo de vida adecuado para el hombre en la tierra viene completamente determinado por su físico particular. Lo que intentaré probar ahora es la hipótesis de que el motivo por el que nos encontramos en tan graves y serios problemas es que nuestro físico y nuestro estilo de vida no concuerdan. Que, dicho de otro modo, estamos muy lejos de aprovechar todo nuestro potencial físico. Y sí, me tomo muy en serio el adjetivo *físico*. De hecho, lo novedoso de nuestro enfoque es que nos guiaremos por lo físico, en lugar de basarnos en lo mental o lo espiritual. Por así decirlo, es un enfoque que, en lugar de ir de arriba abajo, va de abajo arriba. Y me refiero a lo físico tal como se muestra claramente, tal como aparece, despojado en la medida de lo posible de toda distorsión imaginativa, de toda elaboración conceptual. Para variar, vamos a ver qué sucede cuando nos atenemos a *lo que vemos que vemos*, en lugar de lo que creemos que vemos o lo que nos dicen que vemos. Es como si nuestro cuerpo estuviese tratando de decirnos dónde nos hemos equivocado a nivel mental y nos estuviese mostrando a las claras cómo corregirlo.

Lo que significa que tanto tú como yo tendremos que llevar a cabo un experimento. Al realizarlo, hablaré única y exclusivamente por mí mismo, no por ti, aunque, claro está, espero que lo que yo descubra sobre mí mismo se parezca a lo que tú descubras sobre ti. Pero no insistiré en que así sea. A ti y solo a ti te corresponde dirimir lo que eres para ti mismo. Yo no estoy, literalmente, en posición de poder decírtelo.

Tal vez ya hayas realizado este experimento antes, puede que incluso muchas veces. No pediré disculpas por eso. Al contrario. Todos los experimentos que hacemos tienen un doble propósito: son procedimientos para descubrir nuevas evidencias sobre nuestra naturaleza y ejercicios para practicar dichas evidencias, para afianzarlas en nuestra vida cotidiana, por lo que cuanto más veces y más concienzudamente los repitamos, mejor. Yo debo de haber llevado a cabo este experimento en particular cientos de veces, y en cada ocasión me parece que es como la primera vez. Y, por favor, no olvides que la cuestión que trata de dilucidar es crucial.

Te pido ahora que dibujes tu cuerpo (tu cuerpo vestido, por supuesto), que dibujes lo que está claramente a la vista, ni más ni menos. Simplemente es cuestión de delinear en papel o en una cartulina las formas opacas, texturizadas y coloreadas que componen las partes de tu cuerpo humano que en este momento son visibles para ti. Por supuesto que para verlo en su totalidad, de arriba abajo, tienes que usar un espejo —muy convenientemente llamado— de cuerpo entero. Así pues, dibuja por favor lo que ves ahí, en el espejo, lo mejor que puedas, y yo dibujaré lo que veo en el mío[1].

---

[1] Una alternativa ciertamente útil pero no tan valiosa (porque no requiere de tanta actividad por nuestra parte y no es tan sugestiva) es que te fotografíes en el espejo. Es decir, que saques una foto de lo que veas en el visor de tu cámara, ni más ni menos, sin perder de vista que la cámara es mucho menos susceptible de distorsionar y superponer cosas inexistentes que tú.

Bueno, aquí está mi resultado. Doy por hecho que nuestras dos imágenes son muy parecidas.

Hasta aquí todo bien, pero ahora tienes que preguntarte a ti mismo (y yo he de formularme a mí mismo) la primera gran pregunta: «¿DÓNDE ESTOY?» ¿Estás ahí, al otro lado de tu espejo, o estás aquí, a este lado, en el lado más cercano, aproximadamente un metro más cerca que la figura del espejo? ¿En cuál de estos dos cuerpos sientes cosquillas? ¿En cuál de los dos notas la presión de tu trasero en la silla? ¿Cuál de los dos se siente cansado o animado?

Si coincides conmigo en que la respuesta obvia es que perteneces a este lado del espejo, he de plantearte (y de plantearme a mí mismo) la segunda gran pregunta: ¿ES EL CUERPO DE ESTE LADO DEL ESPEJO VISIBLEMENTE IGUAL AL CUERPO DEL OTRO LADO, SOLO QUE ESTÁ AL REVÉS?

Para asegurarnos de dar con la respuesta correcta necesitamos hacer un segundo dibujo (o una segunda fotografía). Así pues, ambos añadiremos ahora, debajo del retrato que ya hemos hecho de la figura que aparece al otro lado del espejo, nuestro retrato de aquel que se encuentra a este lado del mismo. Igual que antes, dibujaremos (o fotografiaremos) solo lo que veamos de nosotros mismos.

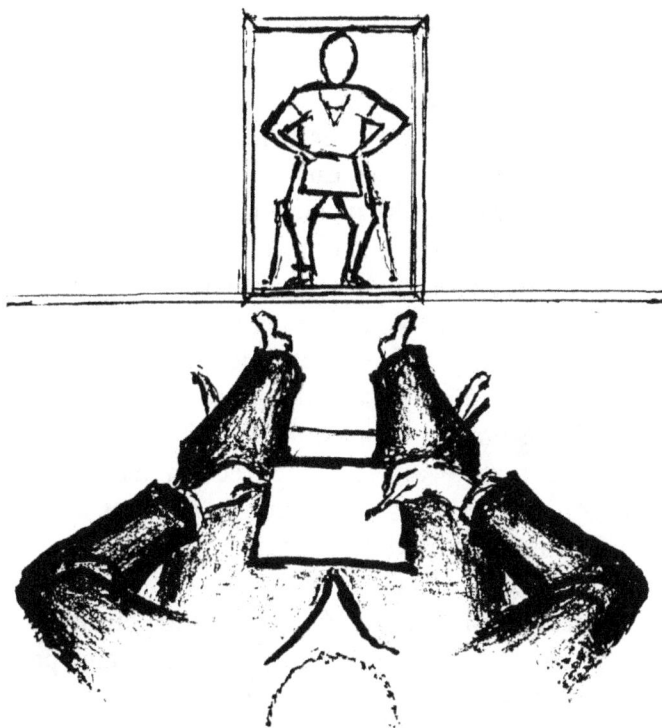

Ahora, si tu resultado se parece al mío (teniendo en cuenta nuestros diferentes estilos artísticos a la hora de dibujar), entonces me gustaría someter a tu consideración las siguientes observaciones:

(1) Al igual que yo, tienes y necesitas dos clases muy diferentes de cuerpo humano (a continuación señalo algunas de sus diferencias).

(2) El cuerpo que se halla a este lado del espejo es el cuerpo *en el que* te encuentras, mientras que el cuerpo del otro lado del espejo es el cuerpo *que tienes*. El primero es lo que eres para ti mismo, mientras que el segundo es lo que eres para los demás, y no coinciden. Por otro lado, en muchísimos sentidos son profundamente interdependientes.

(3) Ese cuerpo establece tu pertenencia a la raza humana y tu identidad humana individual, y por eso es el que aparece en tu pasaporte, mientras que este cuerpo deja abierta la cuestión de tu verdadera identidad. Si bien aún tenemos pendiente analizar las observaciones que podemos realizar sobre esa verdadera identidad, sin duda ya puedes anunciar al mundo que no eres lo que pareces, que no eres tu apariencia.

(4) De hecho, puedes ver, ubicados junto a ese cuerpo del espejo, un número variable de especímenes similares —aunque no tan resplandecientes— de la raza humana. Ahí fuera eres claramente uno entre millones, un miembro del club humano que ha pagado la cuota y está sujeto a sus normas, sus reglas, sus multas y sus gratificaciones.

(5) Por el contrario, aquel que aparece en tu lado del espejo, aquel con quien coincides y en el que estás, no es miembro de dicho club. Ya puedes dedicarte a buscar diligentemente y por todas partes a alguien que se parezca a ti, que jamás lo encontrarás. Tú eres absolutamente único en todo el universo, igual que yo y que todo el mundo en este nivel. Tales paradojas quedan descartadas en el otro extremo del espejo, pero rigen plenamente en este.

(6) Entre las muchas diferencias que encontramos entre este cuerpo humano y ese cuerpo humano —o, si lo prefieres, entre el cuerpo en el que estás y el cuerpo que tienes— están las siguientes:

Ese cuerpo, como todos los demás, cuenta visiblemente con una cabeza, mientras que este otro cuerpo único está claramente decapitado; termina en una frontera semicircular que se extiende desde el hombro izquierdo hasta el hombro derecho. Para asegurarte de esto, intenta trazarla con el dedo índice tocando en tu camisa, camiseta o blusa la línea en la que la uña desaparece de tu vista.

Podríamos decir que el cuerpo que tienes al otro lado del espejo vive una vida imaginaria o irreal, una especie de pseudovida, mientras que el cuerpo en el que estás a este lado disfruta de una vida absolutamente viva y real. Aunque la realidad no es, ni de lejos, tan simple. Lo dicho anteriormente es cierto hasta la Frontera, pero más allá de la misma las cosas son muy distintas. Aquí desapareces sin dejar rastro en favor de la otra persona, de quien tengas enfrente. A este lado del espejo se encuentra el lugar donde los opuestos se encuentran y se vuelven uno, donde la vida y la muerte se revelan como las dos caras de una misma moneda.

La asombrosa verdad es que más allá de la Frontera, tanto si lo admites como si no, mueres por el otro. Pero con eso no basta. Si quieres saborear la auténtica alegría también has de vivir con él o ella a este lado de la frontera, en el lado que está realmente vivo.

Sobre este particular, me parece oírte objetar: «Ya, pero esa clase de muerte es muy distinta a la muerte con la que estoy familiarizado».

Estoy totalmente de acuerdo. Se trata de una muerte real, no como esa otra de la que se ocupa el sepulturero, el tipo de muerte que deja una gran cantidad de material de desecho que hay que tratar de algún modo. En esta, en cambio, no queda absolutamente nada de ti. Más allá de la frontera te conviertes real y verdaderamente en Espacio para la otra persona. Y no es que haya que atribuirte ningún mérito por ello, pues sencillamente estás hecho así, esa es tu constitución. Lo que te propongo es que tanto tú como yo deberíamos despertar a la realidad, a la evidencia tal como se presenta, que deberíamos vivir conscientemente a partir de lo que realmente somos a este lado del espejo.

La cuestión práctica que debemos plantearnos ahora es hasta qué punto este cambio consciente de vivir con un solo cuerpo a vivir con dos promete ayudarnos a llevar también una vida, por así decirlo, con dos moralidades contrastantes, en la que ambas se reconcilien tan completamente como ya lo han hecho estos dos cuerpos.

Para hacernos una idea de cómo puede funcionar esta reconciliación, volvamos al caso del vecino que traspasó el lindero de tu jardín. ¿Qué haces en ese caso? Le escribes una carta cortés pero firme, pero no recibes respuesta. Le llamas por teléfono para pedirle una explicación, pero sin resultado. Finalmente consigues encontrarte con él para tratar el asunto, y en ese encuentro ves claramente en todo momento qué se está encontrando con qué. De hecho, ves que en realidad no se trata de un «encuentro», y te percatas de que tu vecino no solo ha invadido tu jardín, sino también a ti mismo. Te das cuenta de que no puedes ver su cara (no puedes captarla, percibirla) sin despedirte de la tuya. Comprendes que más allá de la Frontera no tienes absolutamente nada con lo que mantenerle a raya, que verdaderamente mueres la más real de las muertes por él. Y es imposible hacer más por él que eso, lo cual seguramente reduce vuestra disputa territorial a una mera trivialidad que no merece que le des tanta importancia.

Por supuesto, lo que hará tu vecino en ese caso es impredecible. Puede que, en algún nivel o de algún modo, tu desaparición consciente en su favor le haga entender algo, con el resultado de que te devuelva la tierra robada. Pero incluso si no lo hace y se aferra a ese pedazo de terreno, el problema ha quedado reducido a sus proporciones adecuadas, por lo que dejas que se lo quede...

«Pero así —replicas— todo el mundo se aprovechará de mí».

Bueno, estoy seguro de que a la larga comprenderás que se trata de una política de actuación mucho más práctica y que te hará infinitamente más feliz que la contraria (que todo el mundo, por así decirlo, «te desaproveche»). Pero no me creas. Ponlo a prueba y velo por ti mismo. Velo por ti mismo y ponlo a prueba. Las perspectivas son buenas, pero no podemos estar seguros de los resultados. Jesucristo dijo que vino a mostrarnos la verdad que nos hace libres, pero el precio de la libertad es impredecible.

«Todo eso está muy bien —me dirás—, ¿pero qué hay del terrorista? ¿Qué efecto pueden tener en él mis mensajes de perdón y reconciliación?».

Como es obvio, no lo sabemos, pero recordemos que Jesucristo describe a sus discípulos como «la sal de la tierra» y «la luz del mundo», en ausencia de la cual el mundo sin duda iría de cabeza al infierno.

No hay nada que pueda reemplazar a la práctica paciente de la vida y la muerte a este lado del espejo. Practicar y confiar, mientras nos preguntamos qué puede ser imposible para Aquel que no solo ha llevado a efecto el hipermilagro de la auto-originación, sino que además nos ofrece a ti y a mí la más íntima unión con Él. Aceptemos la oferta y veamos qué sucede.

En este punto podrías decirme que no existe una verdadera necesidad de este nuevo camino para alcanzar nuestro Hogar, nuestra Verdadera Naturaleza, y que no aporta nada nuevo a la vía o los procedimientos que los sabios y veedores han adoptado a lo largo de los siglos. Yo no creo que añada nada esencial, sino que lo veo más bien como algo que lo vuelve mucho más accesible. Nuestro objetivo aquí es que lo que solía denominarse la *Visión Beatífica* (es decir, la unión consciente con nuestra Fuente), que por lo general era el privilegio de un puñado de hombres y mujeres muy dotados que vivían de un modo muy poco natural alejados del mundo, pase a estar plenamente disponible y a ser totalmente viable para nosotros, para las personas comunes y corrientes que llevamos una vida ordinaria en el mundo. Que, de hecho, se convierta en la nueva Norma, el nuevo Estándar que, de no alcanzarlo, nos convertiría en casos patentes de interrupción del desarrollo. Que deje de percibirse como un logro extraño, como una hazaña improbable, sino como lo que realmente es: nuestro Estado natural, compartible como ninguna otra cosa y en perfecto acuerdo con los hallazgos de la ciencia moderna. A decir verdad, no se trata más que del redescubrimiento de lo obvio, y de la antiquísima historia que a todas luces merece ser contada de nuevo.

Todas las buenas historias conllevan algo de guerra y con-frontación. Jesucristo evitó alcanzar una unidad prematura y simplista. Vino empuñando una espada, la espada afilada y cortante que discrimina entre las cosas que son del César y las que son de Dios, entre el reino de este mundo y el reino de los cielos. Antes de ser monista, fue un dualista; antes de ser un pacificador, fue un guerrero.

Y ahora, inspirados por su ejemplo, aquí estamos nosotros blandiendo una espada extraída del mismo arsenal: la espada del espejo cortante de bordes afilados que discrimina entre lo que parecemos y lo que somos, entre el cuerpo *con el que* vivimos y el cuerpo *en el que* vivimos, entre ese pobrísimo y distante intento de vida y esta vida y muerte total y absolutamente reales. Y así, finalmente aprendemos a vivir de forma simultánea en su mundo y en el nuestro sin hipocresía, sin ideas contradictorias, y también a apreciar lo extremadamente realista y factible que es ese sermón suyo.

¡SÉ LO QUE ERES
A AMBOS LADOS DEL ESPEJO
Y A AMBOS LADOS DE LA FRONTERA!

24

Desentramando lo indescriptible: misticismo del revés

HASTA HACE UNOS POCOS DÍAS estaba convencido de que mi trabajo —el propósito y el significado de mi vida— era cultivar y difundir una cierta clase de misticismo. Un tipo muy peculiar, no cabe duda, pero que aún podía considerarse incluido bajo ese rótulo. Me imaginaba que era una especie de místico acérrimo e intransigente. ¡Qué equivocado estaba! Ahora, por fin me he dado cuenta de que mi misión siempre ha sido dar la vuelta al misticismo, ponerlo patas arriba, contradecirlo en todos sus aspectos, como explico a continuación.

Pero antes que nada he de decir que es del todo comprensible que tuviese la noción de ser un místico y no un firme detractor de la mística. Los libros que me encantaba —y que me sigue encantando— leer son los de los grandes místicos, incluyendo a Rumi, Meister Eckhart, John Tauler y Ruysbroeck. Con ese plantel, no es de extrañar que los demás (y yo mismo) me considerasen como un místico, aunque de una variedad ciertamente peculiar. Y aún hoy en día echo de vez en cuando la vista atrás y me deleito al recordar las grandes experiencias místicas de mi vida. De hecho, estaría encantado si se me concediesen una o dos más antes de morir.

Solo por darte una idea de cómo fueron esas experiencias, aquí presento, resumidas, un par de ellas. A la edad de (creo) once años, leí en *Historia de dos ciudades*, de Dickens, el relato de un individuo que amaba tanto a una mujer que dio su vida por el hombre al que esta amaba, por su rival. Después de leer aquella historia estuve varias horas viendo un mundo comple-

tamente transformado. Hasta los ladrillos de las calles del pueblo habían adquirido una cualidad puramente celestial. La otra
ocasión que recuerdo se produjo hace tan solo diez años, en
una hermosa y fragante pradera del sur de Francia iluminada
por el sol. Unos bailarines profesionales estaban ejecutando una
danza circular. Sus vaporosas prendas y sus cabellos fluían
libremente por el aire mientras se movían al son de una cítara.
No podría decir por qué aquella escena me dejó boquiabierto y
desbordante de amor y alegría durante horas y horas. Fue una
experiencia mística en toda regla.

Sea como fuere, es un hecho incontrovertible que el trabajo
de mi vida ha sido y sigue siendo darle la vuelta al misticismo,
ponerlo patas arriba, del revés. En este sentido, soy un antimístico, como ahora trataré de explicar.

Habrás visto lo fácil que me ha resultado describirte el escenario y las circunstancias de mis experiencias místicas, pero lo
que ni tan siquiera soy capaz de empezar a transmitirte es el
éxtasis, la emoción, la transformación del mundo que brotan
del escenario y de las circunstancias en tales ocasiones. Todo
eso es verdaderamente inefable, absolutamente indescriptible.

Mi misión es señalar y desentramar lo indescriptible. Por
eso te pido que uses el dedo índice de la mano derecha para
señalar hacia Aquello *desde lo que* estás mirando, a lo que ves
que eres justo ahí, en tu Centro. Y tú me dirás que lo que ves
es espacio vacío, nada en absoluto, pero añadirás que este
espacio vacío no está simplemente vacío, sino que está vacío
para llenarse hasta los topes con lo que sea que se ofrezca, lo
cual puede ir desde tus manos y tus pies hasta un cielo salpi-
cado con miles y miles de estrellas. La Nada que ves que eres
estalla hasta abarcarlo Todo.

Uno de los aspectos que caracterizan a esta *visión interior* es
que, gracias al dedo que señala, esta Nada-Todo es perfectamente obvia. A lo largo de aproximadamente el último medio
siglo no me he encontrado ni con una sola persona que viese

esto parcialmente o envuelto en una especie de neblina. Ni, para el caso, a nadie a quien verlo le supusiese esfuerzo alguno.

Bien podrías preguntarme cómo se puede ver una ausencia, una ausencia de algo que se pueda ver. Pues muy sencillo. Eso es justamente lo que hacemos todo el tiempo. Por ejemplo, al ver la ausencia de un salero en la mesa, te apresuras a remediar su falta; al ver la ausencia de tu hijo en la mesa a la hora del desayuno, vas y le adviertes de que llegará tarde al colegio; al ver la ausencia de zanahorias y pimientos en tu despensa, te acercas al mercado a comprar unos cuantos. Claro que sí, la ausencia de cosas es al menos tan obvia como su presencia, y la ausencia permanente de todas las cosas en tu mismísimo Núcleo no podría ser más evidente, más descriptible, una vez que sabes dónde buscarla. ¡Qué diferente es esta experiencia de las experiencias místicas, que de entre todas las experiencias posibles, son las menos obvias, la más raras, ocultas e indescriptibles!

Y, por supuesto, de la mano de la flameante obviedad de esta visión no mística va también lo extremadamente compartible que es, su carácter del todo común, lo exactamente igual que es para todos aquellos que la disfrutan. Ninguna otra experiencia resulta tan unificadora. Tanto es así que quienes la comparten a menudo se dicen unos a otros: «¡Aquí, yo soy tú!». De nuevo, qué distinto de la visión mística, que es esencialmente privada y bastante privativa —al menos en lo que respecta a cómo se siente, cuando no a su sustancia—. El misticismo mantiene a las personas separadas, mientras que el no-misticismo las une con la mayor facilidad.

En este punto algunos de mis lectores podrían estar preguntándose cuál de estas dos experiencias contrarias es más profunda. Seguramente sentirán que aquella experiencia mística que se caracteriza por ser más difícil y rara ha de ser más profunda que la otra (es decir, que la experiencia no-mística, mucho más común, corriente y gratuita).

Mi respuesta a esta objeción, ciertamente razonable, es la siguiente. Por así decirlo, las experiencias místicas son tórridas,

calientes y excitantes, mientras que las no-místicas resultan
frías y serenas. Si las experiencias místicas se pudiesen clasificar
por orden de importancia, cuanto más extáticas y apabullantes
fuesen más alta sería la posición que ocuparían. Pero este sentimiento de calor e intensidad NO constituye una guía fiable en
lo tocante a su profundidad, a la verdad o la realidad de lo que
se revela. El éxtasis que sentí mientras miraba embelesado a
aquellos bailarines que llevaban a cabo danzas circulares y
durante un cierto tiempo después, fue maravilloso, pero por sí
solo no me acercó más a Aquello que soy Donde soy, a mi Raíz.
Eso solo puede hacerlo la experiencia antimística, ordinaria,
natural, común y corriente de mi Nada-Todo. De hecho, es
notorio que algunas experiencias místicas sumamente genuinas
no tienen ningún contenido espiritual o metafísico en absoluto.
Por ejemplo, mi primera visita al cine, a la tierna edad de veintiún años (para ver la película sobre la Primera Guerra Mundial
Sin novedad en el frente) fue una experiencia mística que transformó durante días la manera en la que veía Londres, pero no
hizo nada para acercarme más a mi verdadera Identidad en la
Raíz. Eso llegaría diez años más tarde, y fue algo calmo, sereno,
tan natural y refrescante como el aire claro de la mañana. Esta
experiencia antimística es la que resulta invariablemente profunda, mientras que en el caso de las experiencias místicas
pueden serlo o no.

Quizá no te hayas quedado demasiado convencido: «Los
mejores casos de experiencias místicas —replicas— son experiencias de unión con Dios, con el Reino, el Poder y la Gloria
que subyacen en el trasfondo del mundo, con el Gran Misterio
del Ser. ¿Acaso es posible encontrar en la experiencia antimística una Divinidad comparable a esta?».

Bueno, he de admitir que ni en el Nuevo ni en el Antiguo
Testamento, ni en ninguna de las escrituras fundamentales del
mundo, ni en los escritos de la gran mayoría de los místicos
pertenecientes a las grandes tradiciones, he encontrado rastro
alguno del Dios que veo aquí, en mi Centro. Este Dios hace lo
«imposible»: es Aquel que se da origen a sí mismo, el Uno que

se las apaña para crearse a sí mismo antes de estar presente, antes de existir para poder hacerlo, el Uno que no debería ser, y sin embargo, es. A mi modo de ver, este Dios es muchísimo más adorable que ese otro «Dios-que-necesariamente-ha-de-ser» de las escrituras. Me causa un asombro indescriptible. ¡Y qué maravilla, qué dicha, qué gozo y qué alegría descubrir que este Dios mora en mi mismísimo Corazón!

Date cuenta de que no estoy diciendo que todos los amigos con quienes comparto la experiencia antimística hayan descubierto al Dios «imposible», pero al menos están bastante avanzados en el camino que conduce a dicha realización. Cuando aparece, lo hace de manera natural y es completamente diferente del Dios tradicional de los místicos, del «Dios-que-ha-de-ser».

Esta gran diferencia puede explicar que mientras que un místico necesita pertenecer a alguna de las grandes religiones (al *advaita vedanta*, al budismo *theravada*, al budismo *mahayana*, al cristianismo ortodoxo, católico o protestante, al islam de los sufíes o a alguna otra variedad), el antimístico está libre de dicha obligación. Es un librepensador. Todas las tradiciones le pertenecen, pero él no pertenece a ninguna.

No obstante, sigues sin estar demasiado convencido...: «El misticismo ha dado lugar a grandes santos —arguyes— pero ya me dirás qué santos ha producido el antimisticismo, o cuáles podría producir en el futuro. ¿Cómo podría una experiencia tan barata, tan gratuita, tan sencilla como cerrar y abrir los ojos, tan debilitante, producir algo que no fuese igualmente inútil e insignificante? En pocas palabras, te niegas a creer que para alcanzar aquello que es verdaderamente valioso hay que trabajar duro, esforzarse, sufrir y padecer agonías. O, para el caso, que incluso puede que tengamos que dar nuestra propia vida por ello».

Estoy totalmente de acuerdo con casi todas las partes de tu objeción. Y me explico. Sí, claro, nada podría ser más fácil que ver el Vacío que hay aquí, en mi Centro, cuando lo señalo con el dedo. Pero, al mismo tiempo, nada podría ser más difícil que

verlo y *vivir conscientemente* todo el tiempo a partir de ese
Vacío, en todas las circunstancias de nuestra vida diaria. Señalar de vez en cuando la verdad no es sino el inicio de nuestra
vida espiritual y, si nos contentamos con eso, no se traduce en
demasiado. Si queremos ser efectivos en nuestra propia vida y
alcanzar algún resultado valioso y duradero en el mundo, es
indispensable la práctica asidua: practicar hasta que el nuevo
hábito de ver ininterrumpidamente nuestra propia Naturaleza
se vuelva sólido y estable, hasta que pase a ser la norma y no la
excepción, hasta que una confianza plena en el hecho de apo-
yarnos y descansar en esa Naturaleza se apodere de todas las
facetas de nuestra vida. Está claro que cada acto concreto de
visión interior y de confianza en esta Fuente resulta bastante
sencillo; lo difícil, lo complicado, lo que supone todo un reto, es
mantener esa visión interior y esa confianza en momentos de
tensión, angustia o dificultad.

Por supuesto que tienes razón cuando dices que este antimisticismo nuestro no ha producido ningún santo, pero dale
un poco de tiempo y no hay ninguna razón por la que no debie-
ra hacerlo.

En cuanto a la idea que planteas de que este antimisticismo
es debilitante, que nos abandona y nos deja a nuestra suerte en
la tarea de esforzarnos por aliviar el sufrimiento de nuestros
hermanos y hermanas, nada podría estar más lejos de la verdad.
En la medida en que esta experiencia se busque y se anhele, así
se ajustará a nosotros y nos llenará de energía para realizar
precisamente esa labor. Tengo amigos que han consagrado su
vida a este propósito y que no dudarían en morir por él.

Y la paradoja final es esta: A fin de cuentas, mi antimisticismo es profundamente promístico. ¡El hecho de que el trabajo
de mi vida haya sido contradecir el misticismo no me hace
menos místico, sino más! Es como si tuviera que ir al retrete
antes de haber comido jamás. En Dios, hasta lo indecoroso es
sagrado.

Como Martin Buber nos aconseja con elegancia: «Deberíamos santificar todo lo que hacemos en la vida natural».

25

Yo soy

CUANDO ESCUCHO LO QUE DIGO, me doy cuenta de que se producen dos cosas contradictorias. Por un lado, mis palabras me desorientan calamitosamente. Por ejemplo, cuando digo —a modo de excusa cuando me pillan con las manos en la masa— «Al fin y al cabo, solo soy un ser humano», estoy diciendo un disparate rematadamente absurdo. Nada podría estar más lejos de la verdad. ¿Qué sería de mí sin mis otros ingredientes; mis células, moléculas, átomos, etc., o sin mi supuesto «entorno», como el resto de la humanidad, la Tierra, la vida que puebla la misma, el sol, su luz y su energía, y así sucesivamente? ¿Qué sería yo sin toda esta bendita Jerarquía?

Por otro lado, cuando escucho atentamente lo que digo, el mero hecho de hacerlo puede dar forma y expresión —y a menudo así ocurre— a profundas verdades que, por lo general, permanecen ocultas para mí, verdades de las que necesito desesperadamente tomar conciencia. Es como si Algo o Alguien profundo y precioso dentro de mí estuviese pugnando por salir a la superficie. Este capítulo trata de ese Algo misterioso, y también de cómo es posible que muchas veces me exprese desde una sabiduría mucho más profunda que aquella de la que soy consciente.

Aquí hablo por mí mismo porque así he de hacerlo, pero por supuesto espero que mis palabras resuenen en ti. Estos son algunos de los muchos ejemplos —ten en cuenta que cada uno es independiente de los demás— de nuestra profunda pero profundamente ignorada sabiduría.

Me preguntas: «*How are you?*»[1], lo cual, interpretado de una manera («¿Cómo eres?»), es casi la pregunta más delicada, compleja y profunda que podrías formularme; pero que, interpretada del otro modo («¿Cómo estás?»), es la pregunta más superficial y fácil de responder que podrías hacerme, una interpelación que exige la respuesta de que estoy bien o mal, según sea el caso —y muchas gracias por preguntar—.

O te interesas por mi salud y me preguntas: «*Are you in pain?*», lo cual, leído de un modo («¿Estás en el dolor?»), exige que asevere con toda vehemencia que no, que, muy al contrario, «no estoy en nada y todas las cosas están en mí». Y que, leído de la otra forma posible («¿Tienes dolores?»), tan solo exige la sencilla y superficial respuesta de que en este momento me encuentro bastante bien y estoy bastante cómodo —gracias de nuevo por ser tan amable—.

En efecto, con muchísima frecuencia me preguntan o me pregunto a mí mismo cosas sobre mí mismo como: *What am I up to?* («¿Qué estoy haciendo?»), *What am I doing tomorrow?* («¿Qué voy a hacer mañana?»), *What am I thinking about?* («¿Qué estoy pensando?»), *Where am I more comfortable?* («¿Dónde estoy más a gusto?»), si en esta silla o en aquella otra, y así sucesivamente. Y, por supuesto, todas estas preguntas tienen dos clases de respuesta sumamente distintas. La clave de ese contraste no es difícil de discernir. Consiste en el hecho de que, a lo largo de todo este interrogatorio, el Interrogador permanece siempre igual, no cambia ni en lo más mínimo, mientras que la pregunta que se formula varía interminablemente. La respuesta fácil y superficial únicamente atiende a la pregunta siempre cambiante y no se molesta en dar cuenta del Interrogador que constituye la Fuente de todas esas preguntas y respuestas, su Raíz y su Origen. Por desgracia, en la actualidad

[1] En español diferenciamos entre 'ser' y 'estar', pero en inglés tan solo cuentan con un único verbo, *to be*, para denotar ambas acepciones. (N. del T.)

ese cambio de perspectiva que nos hace pasar de lo preguntado a Aquel que pregunta es extremadamente raro. ¡No es de extrañar que el mundo se encuentre en un estado tan caótico y confuso!

Pero, ¿he llegado lo suficientemente lejos en esta indagación? Hagamos balance. Todo el tiempo me estoy diciendo a mí mismo, tanto si me escucho como si no, que YO SOY[2], que verdaderamente YO SOY EL UNO QUE ES, el Uno que obra el «imposible» milagro de la autooriginación, lo cual, no cabe duda, es la mejor noticia que se pueda imaginar. Debería estar bailando de alegría y lanzando mi sombrero al aire. ¿Por qué no lo hago? Tal vez la razón sea que todos y cada uno de los seres humanos del pasado, el presente y el futuro han sido, son o serán creados de tal modo que pueden decir lo que yo estoy diciendo y hacer exactamente el mismo descubrimiento asombroso sobre sí mismos, y no puedo ni imaginar los miles de millones que suman en total. Sé, por supuesto, que hasta ahora tan solo una mínima parte de ellos ha despertado a la verdad, pero al menos el potencial está ahí. Y esto parece reducir mi pretensión de identidad aquí con el Único YO SOY a un mero absurdo. Ciertamente diluye toda la fuerza y la pujanza de dicha afirmación y la hace parecer un mero detalle sin demasiada importancia.

Procuraré dar una explicación a esta objeción absolutamente razonable y poderosa. ¿Estoy sugiriendo que el Uno que YO SOY es una ficción absurda porque (suponiendo que alguna vez haya existido) ha engendrado innumerables «YO SOYS»? ¿Que, puesto que todas y cada una de cuantas personas han existido es un YO SOY y están plenamente autorizadas, como yo, a anunciar su propia y particular «YO SOYdad», la presencia del Único en mi Centro es imposible?

---

[2] *I am. (N. del T.)*

Bueno, no sé cómo será en tu caso, pero para mí esta dispersión indiscriminada del SER, de la ESIDAD o el YO SOY, esta aparente destrucción de cualquier YO SOYdad central que pudiese llamar mía, es total y completa. Pareciera que la misma idea de que este único YO SOY se halle en algún sentido en mi Centro no es más que un increíble egoísmo absurdo. Lo que me fuerza a tratar de encontrar una solución mucho más creíble a mi problema, y la que he sido capaz de concebir es la siguiente.

La pseudo-YO-SOYdad que todos podemos reclamar y reivindicar como individuos separados es completamente secundaria, subsidiaria, accidental, derivada del Uno indivisible que, en sentido estricto, únicamente ES. No es más que el don de su gracia, el cual nos es transmitido para incitarnos a iniciar nuestra propia búsqueda del Uno perfectamente indivisible que subyace en toda la creación. Y cuando logremos tener éxito en esa empresa (si es que llegamos a hacerlo), cada uno de nosotros reconocerá claramente que él o ella, como tal, está infinitamente alejado del Uno. Y que, en la medida en que tú o yo alcanzamos la unidad con ese Uno, desaparecemos sin dejar rastro y el Uno nos sustituye. Por así decirlo, toma el control. El precio de su total Presencia en nuestro Centro es nuestra total ausencia.

De acuerdo —me digo a mí mismo—, pero me queda por resolver el problema de mi actitud hacia los miles de millones de personas que afirman que su identidad como el Uno es exactamente igual que la mía. Mi dichoso consentimiento a desaparecer en favor del Uno no me libra de tener que tratar con ellos. Se convierten en mi problema.

Bueno, tengo que reconocer que Aquel en el que he desaparecido aquí es también todos y cada uno de esas miríadas de individuos, y que al convertirme en Uno con el Uno soy uno con todos ellos. Por consiguiente, la presencia del Uno aquí implica e incluye la presencia de los demás aquí. ¡Sí, de todos, sin dejar ni uno solo! Y así, si de alguna manera niego este hecho, ¡el Uno sale disparado de mí como un tiro!

Esto solo puede significar que tengo que abarcar, incorporar y asumir a todos y cada uno de ellos, ¡por la sencilla razón de que ya lo estoy haciendo! No puedo quedarme solo con las partes que me agradan y rechazar el resto. No, tengo que asumir el dolor y la culpa de todos ellos, lo cual constituye precisa y exactamente el tema principal de este libro. He llegado a esta conclusión por un camino diferente, pero a decir verdad se trata de una carretera principal de circulación rápida.

Además, sospecho que esta carretera principal añade algo que le es único, cuando no indispensable, y es lo siguiente. Al viajar de vuelta a mi Hogar por esta vía me aseguro, en primer lugar, de la absoluta necesidad de salvar a todos los seres del sufrimiento y la culpa y, en segundo lugar, de la absoluta verdad de que únicamente soy capaz de hacerlo en virtud del hecho de que el inicio del Uno aquí equivale al final de Douglas aquí. Siempre corro el peligro —debido a un hábito sumamente arraigado y muy difícil de exorcizar— de poner a ese pequeño ser humano en el centro de mi vida y de mi Ser. Llevo unos cuarenta años arrojándole fuera y sigue estando al acecho. Además, se le da terriblemente bien arrastrarse sigilosamente hasta aquí. Esta carretera principal me ayuda maravillosamente a seguir expulsándole fuera. A lo largo de esa amplia vía bidireccional puedo deshacerme de él con una facilidad y una certeza inusuales.

Así pues, ¡ahora te toca a ti! Espero ferviente que podamos ser compañeros de viaje en este retorno al Hogar y que juntos recorramos esta misma gran carretera.

Creo que no hay mejor manera de concluir este capítulo que con un par de citas de uno de mis maestros. La primera es esta: «Yo veo lo mismo que tú, pero me he entrenado para ser consciente de lo que veo», la cual he extraído de *El soldado de la piel decolorada*. Y la segunda: «Cuando un gran número de incidentes independientes confirman mis deducciones, lo subjetivo se vuelve objetivo y puedo decir que he alcanzado mi propósito», que aparece en *El Vampiro de Sussex*.

Este gran maestro ya no se encuentra entre nosotros, pero igualmente puedes visitar el piso de Sherlock Holmes en Baker Street, Londres.

Epílogo

A pesar de todas sus complejidades, el mensaje de este libro es la SIMPLICIDAD misma: mira y *ve* que en el Centro no eres Nada. Después, gírate y *ve* que esta Nada explota y se convierte en Todo. Gírate de nuevo, regresa al Lugar que en realidad jamás has abandonado, y *ve* lo que hay ahí. Entonces acepta lo que hayas encontrado en esta triple visión y todo estará bien.

Libros del Douglas E. Harding

(Se reseñan entre paréntesis los títulos disponibles en español)

- Short Stories
- The Meaning and Beauty of the Artificial
- How Briggs Died
- The Melwold Mystery
- An Unconventional Portrait of Yourself
     (Un retrato poco convencional de ti mismo)
- The Hierarchy of Heaven and Earth
     (La Jerarquía del Cielo y la Tierra)
- Visible Gods
- On Having No Head *(Vivir sin cabeza)*
- Religions of the World
- The Face Game
- The Science of the 1st Person
- The Hidden Gospel
- Journey to the Centre of the Youniverse
- The Little Book of Life and Death
     (El pequeño libro de la vida y la muerte)
- Head Off Stress
- The Trial of the Man Who Said He was God
     (El juicio del hombre que decía ser Dios)
- Look For Yourself
- The Spectre in the Lake
- To Be And Not To Be, That is the Answer
     (Ser y no ser, esa es la respuesta)
- The Turning Point *(El punto de retorno)*
- Just One Who Sees
- As I See It

www.ingramcontent.com/pod-product-compliance
Lightning Source LLC
Chambersburg PA
CBHW060835110426
R18122100001BA/R181221PG42736CBX00035BA/43